A. DE TRÉVERRET

EMILIO CASTELAR

HISTORIEN & ORATEUR

EXTRAIT DU *CORRESPONDANT*

PARIS
JULES GERVAIS, LIBRAIRE-ÉDITEUR
29, RUE DE TOURNON, 29

1887

EMILIO CASTELAR

HISTORIEN ET ORATEUR

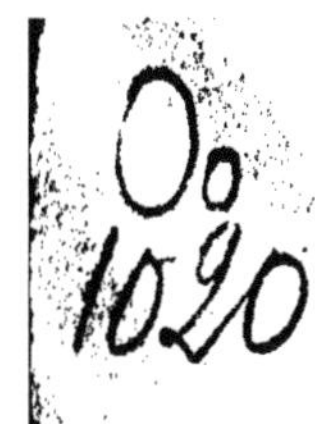

A. DE TRÉVERRET

EMILIO CASTELAR

HISTORIEN & ORATEUR

EXTRAIT DU *CORRESPONDANT*

PARIS
JULES GERVAIS, LIBRAIRE-ÉDITEUR
29, RUE DE TOURNON, 29

1887

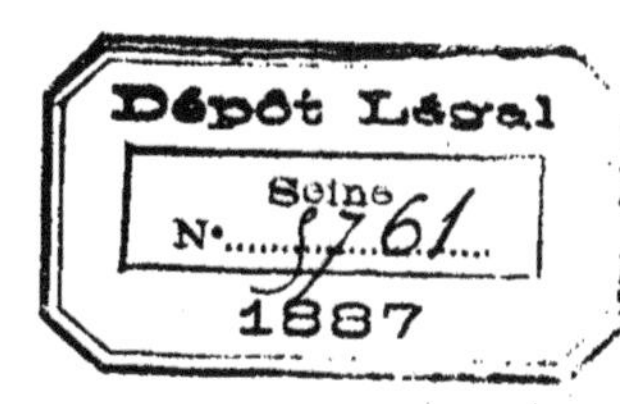

EMILIO CASTELAR

HISTORIEN ET ORATEUR[1]

I

CASTELAR HISTORIEN

Le 26 septembre 1854, sous un ministère issu de l'émeute et formé par les généraux Espartero et O'Donnell, une réunion de démocrates avait lieu au Théâtre-Royal de Madrid. Les hommes de ce parti n'étaient qu'à demi contents; ils craignaient qu'O'Donnell, conservateur énergique, ne s'entendît mal avec son collègue progressiste, et que la liberté eût peu gagné aux combats livrés naguère en son nom. Après quelques discours d'un effet plus ou moins heureux, un jeune journaliste presque inconnu et qui avait patiemment attendu son tour, monte à la tribune : « Je suis venu pour vous dire, s'écrie-t-il, que je suis un humble serviteur, le plus humble, sans doute, de la démocratie. Lorsqu'une idée noble et élevée comme la nôtre pénètre la conscience des peuples, elle a le pouvoir de faire briller l'étincelle de la vérité jusqu'au plus profond de l'avenir. Rousseau et Kant sont ses prophètes; Mirabeau et Vergniaud, ses prêtres; André Chénier et Byron, ses chantres; Mmes de Staël et Roland, ses héroïnes; Hoche et Napoléon, ses soldats. Mais lorsque une idée réprouvée de Dieu s'obstine à vouloir s'imposer aux hommes, ses symboles s'appellent Charles IV, Ferdinand VII, Marie-Christine, Ferdinand de Naples et Napoléon le Petit. » L'auditoire est conquis par ces premières paroles; des applaudissements frénétiques éclatent, tout le discours du jeune homme n'est plus qu'un triomphe, et Madrid, dès ce jour même, l'Espagne entière, une semaine plus tard, saluent l'avènement ou du moins pressentent l'avenir d'un grand orateur.

Il y a pourtant plus de sophisme que de justice à caractériser l'opinion qu'on veut combattre par des noms choisis à dessein comme les plus méprisés ou les plus haïs de ceux à qui l'on parle; mais ce don d'évoquer à la fois de nombreux souvenirs, d'opposer nettement ses amis et ses adversaires, de rattacher la situation présente à toute la suite d'une longue histoire et à tout le mouve-

[1] *Œuvres et Discours*, publiés à différentes époques. — F. de Sandoval : *Emilio Castelar*. (Morot frères. Paris, 1887.)

ment d'un siècle, est un don vraiment digne d'envie, qui nous rend toujours maîtres de l'attention des hommes. Le jeune tribun du 26 septembre 1854 est demeuré, à beaucoup d'égards, tel qu'il s'annonça en ce jour; plus brillant orateur que dialecticien vigoureux, mais jamais indifférent à son auditoire, jamais dénué de charme pour l'oreille ni de puissance sur l'imagination.

Il se nommait Emilio Castelar. Né à Cadix en septembre 1833, élevé à Elde (province d'Alicante), par une mère, veuve de bonne heure, il était venu à Madrid avec elle vers l'âge de quinze ans, était entré dans une école normale de philosophie récemment fondée, y avait étudié le grec, le latin, l'esthétique, un peu de droit, et s'était livré surtout avec passion à la lecture des livres historiques. A peine sorti des bancs, il avait écrit dans les journaux et composé des romans où il s'efforçait de montrer que la liberté politique et la religion se concilient fort bien, et que l'on méconnaît le vrai sens du christianisme lorsqu'on en veut faire le soutien des privilèges et des vieux régimes absolus.

Très laborieux et tournant vers l'étude aussi bien que vers la politique toute l'ardeur de sa jeunesse, il avait commencé de bonne heure cette série d'œuvres assez diverses qui comprend aujourd'hui près de quarante volumes. Nous n'en examinerons que les parties les plus vivantes, celles où son talent oratoire se déploie dans toute sa splendeur et où ses idées réussissent le mieux à éblouir ceux même qu'elles ne conquièrent pas.

Trois ans après le discours politique qui avait attiré sur Emilio Castelar l'attention de tous et la sympathie des démocrates, il se présentait, afin d'obtenir une chaire d'histoire à l'université centrale de Madrid. Les gens au pouvoir auraient bien voulu l'écarter, et si la faveur avait seule disposé de cette place, on y eût élevé quelque professeur moins remarquable, mais plus d'accord avec ceux qui gouvernaient. Heureusement pour le candidat, la loi mettait cette chaire au concours, et Castelar, âgé de vingt-quatre ans, subit les épreuves avec tant d'éclat, qu'il fallut, en dépit de tout, l'y laisser monter. Bientôt la société littéraire de l'Athénée, qui, dans ses cours publics, a donné la parole aux plus illustres écrivains et orateurs de l'Espagne, voulut le compter, lui aussi, au nombre de ses professeurs. Il accepta cet honneur et cette charge, choisit pour sujet : *la Civilisation dans les cinq premiers siècles du christianisme*, et, pendant quatre ans consécutifs, attira une foule immense dans la salle trop étroite de l'Athénée madrilène. Ses leçons, recueillies et imprimées plusieurs fois, sont sous nos yeux.

Dès la première, qui eut lieu le 23 octobre 1857, un critique fort délicat, D. Juan Valera, fut étonné d'entendre « cette parole facile, sonore, pleine de couleur et de vie, animant les cœurs de son enthousiasme et transmettant sans effort ses idées à l'esprit émerveillé et comme suspendu de ceux qui l'écoutent. Nulle hésitation, nul arrêt, nulle de ces pauses qu'un professeur peut faire pour méditer un instant sur le choix entre deux pensées ou deux expressions. La parole coule des lèvres de l'orateur, abondante comme un torrent. Inspiré par ses auditeurs, il les inspire et les enthousiasme à son tour; plus lyrique que didactique, plus entraînant que persuasif, plutôt fleuri et *grandiloquent* qu'ordonné, il s'élève au style sublime dès son premier mot et il ne redescend plus, il n'abaisse plus son vol; non, pas un instant, jusqu'à la minute où se termine son discours d'une heure. Et cependant quelle diversité de demi-tons dans ce même ton inspiré et emphatique qu'il ne quitte jamais! Ce n'est point M. Castelar qui parle, c'est le génie de l'éloquence qui parle par sa bouche. »

Notez que ce critique transporté d'admiration n'est pas un partisan aveugle des idées qu'exprime l'orateur ou de la forme dont il les revêt; il combat les unes, il censure l'autre dans certains détails; il exprime la crainte de voir un si beau talent se gâter par le luxe des mots et des images, se noyer dans le vague, s'égarer dans de spécieuses équivoques; mais il n'en reste pas moins convaincu que les facultés du jeune professeur sont *prodigieuses* et que, pour cette raison même, il importe de l'avertir du danger où il les expose en cédant trop à leur entraînement naturel.

Aujourd'hui, lorsqu'un étranger comme nous lit en espagnol, au lieu de les entendre, ces leçons professées depuis 1857 jusqu'à 1861, les défauts signalés par M. Valera lui sautent aux yeux et le choquent tout d'abord. Il y a là, en effet, trop d'*ailes nacrées*, trop d'*éther lumineux*, trop d'*océan céleste*, trop de *parfums*, et aussi trop de termes philosophiques imparfaitement définis (les mots d'*idée* et de *conscience*, par exemple); on craint d'être ébloui sans y voir et de marcher longtemps sans arriver. Mais peu à peu, sous ces couleurs chargées, des traits plus précis se dessinent; ici, l'orateur, avec des faits, des anecdotes curieuses et pittoresques, trace un portrait de Marius, de César ou d'Auguste; là, il amène devant nous les dieux de l'Inde, revêtus de leurs formes bizarres, monstrueuses, inconnues ou inexpliquées avant notre siècle; ailleurs il peint en deux pages assez courtes la figure, les mœurs, la religion, l'œuvre barbare, la mort mystérieuse d'Attila. Partout les images vives abondent, et des tableaux qu'on n'oublie plus se déroulent devant nos yeux.

Quelquefois aussi ce *lyrique* plaisante et tourne l'histoire en allusions contemporaines : « Aristophane, dit-il dans une de ses leçons, dénonçait jadis ces orateurs qui, lorsqu'ils ont besoin de gloire et de renommée, appellent le peuple roi et souverain, et lorsqu'ils ont acquis cette gloire, cette renommée, vendent le peuple au pouvoir et l'appellent vile canaille; ces généraux qui, parce qu'ils portent une épée, croient que tout le monde leur doit la vie, et qui, dégainant cette épée aujourd'hui pour la liberté, demain pour la tyrannie, la dégainent constamment pour leur propre pouvoir... » A ce dernier trait, les rires, les applaudissements éclatent; l'orateur les laisse un moment retentir en pleine liberté; puis, reprenant sa phrase avec une nouvelle malice : « Tous ces vices-là, messieurs, ajoute-t-il, étaient très communs là-bas, à Athènes, au temps où vivait Aristophane. » Là-dessus le public redouble d'enthousiasme; il a reconnu dans le jeune professeur le tribun des clubs populaires; il accueille avec joie cette opposition railleuse; et trente ans plus tard, le lecteur sera bien aise de voir égayer par quelques saillies spirituelles la suite éclatante des peintures ou des réflexions historiques.

Mais que venaient faire Marius, et surtout Aristophane, dans ce cours sur la civilisation aux cinq premiers siècles du christianisme? Castelar était-il vraiment, comme le disait son critique, plus entraînant qu'ordonné dans ses discours? regardait-il l'histoire des cinq premiers siècles comme un prétexte à parler de tout? Ce serait une erreur de le croire. On s'aperçoit, sans doute, dès le début, qu'il aime les horizons immenses; persuadé que tout se tient, dans les idées humaines, comme dans les phénomènes du monde extérieur, il reprend de haut et de loin la marche des événements et la série des doctrines et des croyances. Il nous entretient de tout ce qui précède le christianisme, de tout ce qui le combat, le favorise ou l'appelle. Qu'était le genre humain avant la venue du Christ? qu'avait-il été? que voulait-il être? quelle satisfaction de ses désirs, et aussi quels désirs nouveaux la religion chrétienne lui a-t-elle apportés? Voilà le sujet que se propose Castelar; il est très étendu, mais l'unité s'y trouve, puisque tout converge à l'avènement du Christ et au triomphe de sa loi.

Elle s'y trouve encore pour d'autres raisons. L'orateur, croyant au progrès, rapporte tout à cette idée maîtresse. Or, pour lui, le progrès commence dès que l'homme s'élève un peu au-dessus des besoins matériels et cherche à expliquer la nature et lui-même. Les religions de l'Orient (celle des Juifs exceptée) divinisent la nature et y absorbent l'homme, qui n'est plus qu'une bulle éphémère sur l'éternel océan des êtres. Le paganisme grec, à son premier âge, est un progrès, nous dit Castelar, car les Titans et les anciens dieux de la Grèce ont déjà une forme moins vague, moins monstrueuse, une nature plus individuelle et plus libre; à son second âge, il est un progrès encore; car ces dieux ressemblent à l'homme, qui est lui-même supérieur à la nature; Jupiter, Apollon, Minerve, sont, au point de vue physique, des êtres humains idéalisés, et devenus si beaux, que la beauté réelle ne les égalera jamais.

En philosophie, même mouvement : Thalès cherche dans la matière le dernier mot, l'origine et la fin de tout; Socrate dit qu'il faut les chercher dans l'esprit humain; Platon, s'appuyant sur les idées, monte jusqu'à Dieu; Aristote, observant tous les phénomènes, conçoit le moteur immobile du monde. Mais ce dogme d'un Dieu unique, entrevu par les philosophes, ne descend pas jusqu'à l'intelligence des foules; il mine le paganisme sans parvenir à le remplacer. La religion juive avait bien révélé la même vérité; mais elle ne semblait faite que pour un seul peuple. Il faut, dit Castelar, que Jésus vienne au monde, qu'il annonce le vrai Dieu à tous et pour tous; alors seulement tout le mouvement intellectuel du genre humain atteindra son but, toutes les aspirations du cœur de l'homme seront satisfaites.

En politique, même progrès dès l'origine; chaque révolution, selon Castelar, est utile à l'humanité, parce que chaque révolution donne une idée plus juste ou amène une réalisation plus parfaite des droits et des devoirs de l'homme. Dans l'Inde, la hiérarchie des castes absorbe et asservit la personnalité; en Grèce, l'homme connaît mieux ce qu'il vaut par lui-même et jusqu'où il peut aspirer; mais chaque cité s'isole dans son égoïsme; l'idée d'humanité est absente des esprits, elle l'est surtout des cœurs et des institutions. Alexandre, il est vrai, commence à la concevoir, et il la sème dans les sillons qu'ouvre son épée à travers la Grèce et l'Orient, également soumis à son empire. Il place au confluent de l'Orient et de l'Occident son Alexandrie, ville cosmopolite, africaine par la situation, grecque par le langage et l'origine, asiatique par le voisinage. Après lui, Rome s'empare du monde, et son ambition même, qui aspire à régner partout, lui fait détruire les barrières qui séparent les hommes. Mais tant que Rome se conserve en république, l'aristocratie dominante maintient en tous lieux l'inégalité; il faut que l'empire vienne abattre tous les privilèges, et en faisant d'un homme la tête du genre humain, donne les mêmes droits, impose les mêmes devoirs à tous ceux que domine cette autorité unique. Quand tous les hommes sont devenus citoyens romains, tous se regardent comme formés du même limon, et quand un barbare devient empereur, il n'y a plus de barbares aux yeux des Romains. Ce n'est pas assez : tant qu'un homme peut fouler aux pieds les droits de tous, cette égalité dans l'asservissement n'est ni humaine ni juste, et la corruption fait des progrès irrésistibles dans tout l'univers. L'humanité se reconnaît partout identique, mais partout elle s'avilit dans les mêmes hontes, elle rampe sous la même oppression. Jésus-Christ vient; il enseigne les droits et les devoirs; il dit aux empereurs et aux peuples ce qu'est la justice; et si les empereurs, par leurs vices ou par l'iniquité des institutions qui les entourent, ne peuvent la réaliser ici-bas, d'autres peuples arriveront, renverseront l'empire et fonderont un ordre nouveau, plus propre à faire disparaître l'oppression et à propager le règne de la liberté.

Voilà, en peu de mots, tout le système historique développé dans ces premiers cours de Castelar. Rien n'est plus vaste, et pourtant rien n'est plus *un;* l'idée de progrès le soutient tout entier, et c'est ici un progrès providentiel, voulu et dirigé par Dieu, à travers les siècles, et qui a consisté pour l'homme à connaître de mieux en mieux et à réaliser de plus en plus fidèlement ce qu'il doit à son créateur et à lui-même.

Il est certain qu'une telle opinion, très consolante et absolument contraire à la tentation de regretter le passé et de désespérer de l'avenir, n'appartient pas en propre à Castelar: tous les écrivains qui croient au progrès l'ont soutenue avant lui, et ceux même qui déclarent ne point vouloir appuyer le progrès sur le christianisme, reconnaissent que le monde païen valait moins que le nôtre. L'apologie de César et des empereurs, considérés comme utiles au genre humain, se retrouve aussi dans beaucoup de livres modernes; mais jamais public espagnol, on pourrait dire jamais public européen, n'avait entendu exposer toutes ces idées avec tant d'éclat, ni vu se dérouler tant d'événements, de religions, de doctrines et d'institutions en une chaîne si longue, si brillante et si continue. Parler de tout au hasard n'est point difficile, mais parler de tout avec suite et en développant une thèse unique, c'est une tâche malaisée qui, bien accomplie, donne une noble joie à l'orateur et à celui qui entend ou lit sa parole.

Que de choses, par exemple, dans ces trois chapitres où l'histoire du paganisme, celle de l'art classique et celle de la philosophie se trouvent résumées! On y signalerait bien, surtout aujourd'hui, des inexactitudes de fait ou d'appréciation, des paradoxes, des erreurs manifestes; mais comme l'ensemble est habilement construit, et comme tous ces poètes, tous ces philosophes, tous ces artistes, tous ces prêtres de religions diverses marchent avec pompe vers le temple du Christ et du progrès où leur historien les conduit, à leur insu parfois, ou malgré eux!

Et quels ingénieux aperçus pour faire rentrer dans la thèse tout ce qui s'en éloigne ou semblerait d'abord la contredire! Comme en s'attendrissant sur les belles choses qui finissent, l'orateur nous les montre faisant place, par leur destruction même, à de plus nobles ou meilleures créations! Il pleure sur l'agonie de la Grèce, « cette belle statue qui tombe en poussière, cette lyre qui se brise, ce chant qui se perd dans l'espace, cet oiseau du ciel qui tombe blessé en exhalant de sublimes et plaintifs accents ». Il reconnaît que, dans les premiers siècles après Alexandre, la philosophie grecque, sceptique, épicurienne ou stoïcienne, n'a plus d'ailes et ne connaît plus Dieu; mais elle étudie l'homme encore, elle devient pratique et morale, et par là elle s'unit au génie social de Rome, qu'elle aide à perfectionner ses lois.

Puis vient l'époque où, dans Alexandrie, cette philosophie de la Grèce se relève et s'exalte par le commerce avec les religions de l'Orient. Alors, dit Castelar, comme un vieillard auguste qui rassemble toutes ses idées acquises par une longue expérience, le génie grec cherche à fondre tous les systèmes, et de tous il extrait, avec de grands efforts, une espérance qui console ses derniers jours, celle de voir Dieu dès qu'il aura quitté cette terre, et de commencer, même ici-bas, à l'entendre, à le sentir, à s'unir avec lui. L'époque alexandrine, c'est le temps des songes divins; comprenant que le monde terrestre lui manquait, le philosophe grec ne voulait plus penser qu'à un autre monde, à une autre vie. Mais ceux qui lui entendaient raconter ses rêves, ceux qui le voyaient expirer l'œil fixé au ciel, partageaient ses désirs sans accepter ses doctrines, et tournant le dos aux impuissantes religions de Grèce et d'Orient que l'Alexandrin s'était efforcé vainement de réchauffer, la masse des hommes tendait les bras au Christ, au Dieu vraiment *nouveau*, parce qu'il était tout ensemble un Dieu unique, un Dieu pur et un Dieu fait homme.

Les images que nous venons de citer, les ingénieuses argumentations où elles s'enlacent, excitaient les applaudissements du public, peu habitué à de si splendides revues d'histoire. Parfois aussi, plus sobre dans son style, s'attachant du plus près au récit des faits ou à la description des choses, Castelar donnait à son enseignement une solidité plus instructive. Les leçons qu'il a écrites (en 1858), sans les prononcer, ne sont pas les moins dignes d'être lues aujourd'hui. Elles ont été composées avec plus de soin; elles offrent des résultats scientifiques plus précis, et les conjectures très fines qu'on y trouve expliquent la réalité sans y rien ajouter d'arbitraire ou d'ambitieux. Le chapitre sur l'empire romain, depuis la mort de Néron jusqu'à Trajan (t. II, p. 187-272), est, à cet égard, un modèle. Castelar s'y montre investigateur sagace, et son coup d'œil, s'exerçant dans un cercle restreint, altère moins les formes des objets et pénètre mieux les causes secrètes. Mais resserrer longtemps sa pensée ne lui est pas possible; le titre, pourtant si général, du sujet qu'il traite, ne suffit ni à son imagination ni à ses désirs. Il ne se contente point d'interpréter le passé, il se jette dans la politique du jour et, préparant avec impatience celle de l'avenir, il demande quelle conséquence la société actuelle tire et doit tirer des principes chrétiens.

A cette époque, il proclame hautement la divinité du Sauveur; il voit en lui le créateur du monde, celui qui a étendu les cieux et les a parsemés d'étoiles; il l'adore, il le prie dans quelques-unes de ses leçons; mais il affirme avec la même énergie que la société contemporaine observe ou applique mal les préceptes du Christ. Une secte néo-chrétienne, dit-il, veut, au nom des dogmes divins, maintenir ou restaurer le pouvoir despotique, la théocratie, l'inquisition; nous répudions cette alliance sacrilège de la tyrannie et de la foi. D'autres veulent écarter la religion du gouvernement. Ils ont tort aussi; les principes chrétiens étant vrais, le sont pour les peuples comme pour les individus; il faut qu'ils se réalisent dans la société, et non pas seulement dans la vie des âmes. Or l'égalité des hommes devant Dieu, quoique proclamée il y a dix-huit cents ans par Dieu même, n'existe pas encore devant le gouvernement; la liberté n'existe pas non plus; car on surveille et souvent on interdit l'expression sincère de la pensée; tous les hommes, héritiers du royaume de Dieu, devraient être libres et ne le sont pas. Dieu demandera compte de leur bassesse aux générations qui se laissent opprimer; aux classes moyennes qui, affranchies des nobles, devaient affranchir le peuple après elles, il demandera compte de leur égoïsme, et il punira cette société qui ne sait ou ne veut pas devenir chrétienne.

Saisissant toutes les occasions d'attaquer le ministère O'Donnell, qui donna quelque gloire à l'Espagne et maintint l'ordre en restreignant l'exercice des droits politiques, Castelar reproche à ce gouvernement de laisser subsister des monopoles injustes qui entravent le commerce et condamnent le peuple à la misère.

« Pour arriver ici, dit-il, en 1861, à ses auditeurs de l'Athénée, et pour y rester une heure mortelle à m'écouter, vous avez fait et vous allez faire encore de grands sacrifices. Cette salle trop étroite, ces lumières obscures, cette espèce de galetas où la chaleur nous étouffe, où de méchantes tapisseries dévorent ma parole, où un écho à la voûte me la renvoie, tout cela est bien désagréable, et malheureusement l'orateur ne mérite pas que vous enduriez tant de peines. Le conseil d'administration de l'Athénée n'en est point coupable; mais que voulez-vous? Il ne trouve pas d'autre maison.

A Madrid, dans ce désert aride comme l'âme sombre de Philippe II, il y a de l'espace pour bâtir, mais point de bon bois; point de fer à bon marché, parce que les privilégiés, les parasites qui vivent en suçant le sang du peuple, veulent que nous l'achetions cher et mauvais, et pour maintenir leurs prérogatives ils condamnent l'Athénée à n'avoir pas de maison. Et s'il n'y avait que l'Athénée!... Mais le pauvre travailleur, le fils du peuple, celui qui soutient la société sur ses épaules et qui en fait la force, n'a pour demeure qu'une misérable mansarde, où la chaleur le dévore en été, où le froid le gèle en hiver, où toute espèce d'insectes dégoûtants le harcèlent et le rongent, protégés dans les bois pourris par les hautes puissances de l'État. »

Chaque jour plus hardi et plus révolutionnaire, il invoquait, dans ses dernières leçons à l'Athénée (1861), les noms de Mirabeau, *foudre d'électricité sainte;* de Robespierre, la *nuée terrible;* de Danton, l'*ouragan;* il conjurait ses auditeurs, surtout les jeunes gens, de combattre pour le droit et la liberté. Puis, jaloux, comme un professeur, d'appuyer ses idées sur une démonstration historique; comme un tribun, de les faire passer dans les âmes et même dans les faits; comme un poète, de les célébrer; comme un jeune homme, de communiquer à tous l'espoir dont il était plein, il s'écriait:

Voici, Messieurs, comment sont unis les deux pôles de l'histoire, le Christianisme et la Révolution, le premier siècle et le dix-neuvième. Il n'y a qu'un seul Dieu, a dit le Christ; il n'y a qu'une seule humanité, a dit la Révolution. Tous les hommes sont égaux devant Dieu, a dit le Christ; tous sont égaux devant la loi, a dit la Révolution. Tous les hommes sont libres, a dit le Christ, et il a brisé le joug du destin; tous les hommes sont libres, a dit la Révolution, et elle a brisé le sceptre des rois absolus. Vous êtes tous frères, a dit le Christ; vous êtes tous frères, a dit la Révolution. Devant Dieu il n'y a ni nobles ni esclaves, a dit le Christ; eh bien! devant moi, il ne peut y avoir d'esclaves, a dit la Révolution. La conscience est libre, s'écriaient les premiers chrétiens sur le gibet et dans les tortures; la liberté de conscience est un droit inviolable, a dit la Révolution. Ainsi s'unissent, Messieurs, le christianisme et la liberté; si le premier siècle a écrit l'Évangile religieux, notre siècle a écrit l'Évangile social. Et de tous les siècles où l'homme a vécu s'élève un cantique immortel qui, pareil au son de l'orgue sous les voûtes d'une cathédrale gothique, inspire un vif sentiment religieux. Bénissez-les, Messieurs, bénissez avec moi tous les siècles. Comme dans la grande chimie de la nature notre corps est formé de toutes les substances de la terre, dans la grande chimie de l'histoire, notre esprit est formé de toutes les idées des siècles.

Bénissez donc les âges antéhistoriques, parce qu'ils ont été votre berceau; bénissez les tribus primitives, parce qu'elles ont été vos mères; bénissez la théocratie, parce qu'elle a affermi le premier sentiment religieux dans le cœur humain; bénissez les peuples héroïques et les peuples travailleurs, parce que les uns vous ont faits maîtres de la société et les autres de la nature; bénissez les philosophes, parce qu'ils ont ouvert votre raison à l'Infini et fait entendre à l'esprit la voix de la conscience; les conquérants, parce qu'avec leurs épées ils ont effacé les frontières et uni les races. Bénissez le premier siècle, parce que c'est celui où l'unité humaine, cimentée par la guerre, et l'unité divine par la révélation, se sont embrassées à jamais au sein de votre esprit; le second siècle, parce que de toutes les idées il a formé le droit, qui garde encore le paradis de votre foyer; le troisième siècle, parce qu'il a uni la raison et la foi, séparées dans toute l'histoire; le quatrième, parce qu'il a rempli et armé votre conscience tout entière de l'idée divine; le cinquième, parce que d'une main forte il a gravé sur les ruines l'idée sainte de votre personnalité; le sixième, parce qu'il a complété l'idée germanique de votre personnalité par l'idée sociale du catholicisme; le septième, parce qu'il vous a apporté sur ses ailes, avec le souffle de l'Orient, un souvenir des premiers jours de la création; le huitième, parce qu'il est le siècle de votre renaissance espagnole, et par conséquent de vos gloires nationales; le neuvième, parce qu'il a fortifié l'idée de votre personnalité en l'incarnant dans le système féodal; le dixième, parce que l'homme, revenant à lui-même, se réconcilie avec la nature sans se séparer de Dieu; le onzième, parce qu'il confirma l'idée sociale en élevant au-dessus de tout le pontificat; le douzième, parce qu'il a créé les municipes, sur lesquels le serf de la glèbe a laissé ses chaînes; le treizième, parce qu'il a enfanté cette poésie dont les types soutiennent encore l'héroïsme chez tous les peuples; le quatorzième, parce qu'il a fondé les nationalités, condition nécessaire de la patrie; le quinzième, parce qu'il vous a faits maîtres du globe terrestre; le seizième, parce qu'il vous a faits maîtres de votre conscience; le dix-septième, parce qu'il vous a faits maîtres de votre raison; et le dix-huitième, parce qu'il vous a mis en possession de votre droit. Bénissez toute l'histoire, parce qu'elle est la Genèse immortelle de l'esprit; mais par-dessus tout bénissez Dieu, parce qu'il est l'âme, la vie, la raison, le mouvement de l'histoire.

Adorons, disait-il enfin, en terminant cette avant-dernière leçon, avec l'accent d'un pontife ou d'un prophète, adorons ces deux mots : Dieu et liberté.

Chez nous aussi, environ treize ans plus tôt, des hommes tels que Montalembert et Lacordaire avaient accueilli avec joie, avec espérance, sans l'avoir toutefois provoquée, la révolution de 48; et il nous serait facile de retrouver dans les conférences, les discours, les lettres de l'illustre dominicain, plus d'un passage où il revendique pour le christianisme la gloire d'avoir semé dans le monde les meilleures idées libérales qui germèrent si vigoureusement au dix-huitième siècle. Mais Castelar, en exaltant Robespierre même, allait plus loin qu'aucun chrétien n'avait le droit d'aller, et lançait une menace terrible contre l'ordre existant en Espagne et en Europe. Il continuait d'ailleurs à écrire dans les journaux, s'attaquant chaque matin aux ministres et n'épargnant pas la souveraine : lorsque Isabelle II proposa d'abandonner au Trésor tout son patrimoine, il publia dans sa feuille, *la Democracia*, un article ingénieux et impitoyable, pour prouver que les conditions mises à cet acte en faisaient disparaître tout le mérite. Le ministère se décide alors à sévir. Sommé de destituer Castelar, le recteur Montalvan s'y refuse; on le destitue lui-même, mais les étudiants prennent son parti et vont lui donner une sérénade. Le jour où l'on installe, comme nouveau recteur, le marquis de Zafra, une émeute éclate, huit personnes périssent et plus de cent cinquante sont blessées.

C'était le 10 avril 1865. Narvaez se croyait vainqueur, il l'était même, grâce à son énergie, mais personne n'est longtemps vainqueur en Espagne. Castelar poursuit ses attaques, et voit se succéder plusieurs ministères dont pas un ne se rapproche de ses opinions. O'Donnell revient au pouvoir et, exaspéré par toutes les oppositions, demande aux Cortès une vraie dictature. L'insurrection éclate de nouveau dans Madrid, le 22 juin 1866. O'Donnell, Serrano et Concha l'écrasent; puis les vengeances et les supplices commencent. Castelar est allé prendre son poste aux barricades; mais ses compagnons de révolte, le sachant plus avancé qu'eux et républicain, l'ont laissé seul; ce qui ne lui enlèvera point le droit de dire, six ans plus tard, à M. Sagasta devenu ministre : « Monsieur le président du conseil m'accuse de timidité; j'ai fait pourtant une barricade assez près de la sienne. »

MM. Sagasta, Becerra, Castelar, accusés à la suite de l'affaire du 22 juin, furent en effet condamnés à mort par les conseils de guerre, mais cachés et sauvés par des amis. Carolina Coronado, femme poète de la grande pléiade romantique, et mariée à M. Perrey, secrétaire de la légation des États-Unis, reçut dans sa maison l'orateur républicain, le déroba à toutes les recherches et lui facilita les moyens de quitter l'Espagne.

Alors commencent ces voyages à travers l'Europe, qui vont mettre dans sa mémoire tant de belles images et dans son arsenal oratoire tant de notions précises. Contemporain de tous les siècles et citoyen de toutes les régions du monde, il se plaît à voir l'univers marcher, depuis les premiers temps dont il reste un témoignage, vers le même but et par les mêmes mouvements. Il étudie sur toute la surface du globe les pas que font, en avant ou en arrière, tour à tour vainqueurs ou vaincus, les deux principes de liberté et d'autorité. Convaincu que tous les peuples sont solidaires, même sans le vouloir, et qu'une fois parvenus à une civilisation presque égale, ils s'occupent de résoudre des questions presque pareilles, Emilio Castelar écoute toutes les discussions religieuses, politiques, sociales, et dès que son pays lui sera rouvert, il y portera l'écho de toutes les voix qu'il aura partout entendues. Pour lui, point de débat isolé, ni dans la durée ni dans l'espace; chaque problème posé à Madrid en tel jour et en telle année l'a été ailleurs et dans d'autres temps. Ce sera là, pour son éloquence, une source inépuisable de variété et de grandeur. Il pourra souvent se méprendre sur la solution pratique et immédiate d'une question, mais il ne laissera jamais la discussion se rétrécir ou devenir monotone. Les rapprochements, les images, les vues d'ensemble donneront aux moindres incidents de ses luttes oratoires un intérêt constant et un grand éclat.

Pendant qu'il voyageait, amassant des idées, comparant des institutions, cherchant la trace d'événements innombrables, nouant des amitiés avec tous les hommes d'État et les écrivains qui semblaient comprendre comme lui le progrès et les droits des peuples, la question religieuse occupait l'Europe. La *Vie de Jésus*, déjà vieille de trois ans, ébranlait la foi de bien des âmes; le *Syllabus* soulevait des clameurs, que dix-huit mois d'attaques, de défenses, de commentaires ne lassaient pas encore, et l'on parlait déjà de convoquer un concile pour reconnaître et proclamer dans toute leur étendue les privilèges du Souverain Pontife, gardien et interprète des dogmes révélés. Castelar lit, écoute, regarde, et ajoutant à ses dernières leçons faites dans l'université de Madrid le fruit de ses lectures, de ses observations, de ses voyages, il prépare de loin une *Histoire de la révolution religieuse*, qui ne paraîtra qu'assez longtemps après (de 1878 à 1883).

Écrite dans un style oratoire et avec l'intention évidente de provoquer un mouvement d'idées, soit dans l'Église, soit autour d'elle, cette œuvre nous raconte comment le dogme catholique est né, comment il a régné au moyen âge, comment Savonarole a voulu le sauver en faisant à l'esprit du siècle sa part dans le gouvernement religieux; comment Luther, Zwingle, Calvin, l'ont attaqué et en ont détaché la moitié de l'Europe; comment enfin, depuis le concile de Trente, les papes, les prélat et surtout les ésJsuites cherchent (vainement, selon Castelar) à le préserver de nouvelles attaques et à lui rendre l'empire des consciences et des États. Le centre de ce long récit, c'est ce qu'on a nommé la *Réforme* du seizième siècle; mais, cédant à son irrésistible besoin d'embrasser le passé, le présent et même l'avenir, Castelar remonte jusqu'au Christ, résume encore les faits à partir du traité de Westphalie, et ne dépose la plume qu'après avoir indiqué ce qu'il faut, selon lui, à l'esprit moderne, pour continuer sa route et son progrès sans abandonner toute religion.

L'*Histoire de la civilisation aux cinq premiers siècles* commençait par l'acte de foi en la divinité du Christ, celle de la *Révolution religieuse* débute par un acte de foi en Dieu et en la nécessité d'un culte, mais le Christ y est seulement le plus divin des hommes, sans que l'auteur le proclame jamais Dieu. Il prend des précautions pour ne point nier ouvertement qu'il le soit; il le vénère, il l'élève au-dessus de tous les mortels, il en parle comme Cousin en avait déjà parlé dans son livre *du Vrai, du Beau et du Bien*, mais il ne l'appelle plus le Maître du monde, le créateur des cieux et des étoiles.

L'école critique a soufflé sur sa foi; il en adopte les hypothèses les plus mal prouvées, les plus manifestement contraires aux textes; il croit, par exemple, que les gnostiques ont fait *surgir* le dogme du Saint-Esprit, comme si l'évangile de saint Mathieu et celui de saint Marc, les plus étrangers au gnosticisme, ne l'établissaient pas déjà très nettement! Dans les questions qui n'intéressent en rien la théologie, l'erreur se glisse non moins facilement sous sa plume; il confond Eustathe, évêque au quatrième siècle, avec le commentateur d'Homère au douzième, et Démosthène, général athénien, avec le célèbre orateur. Il prête à Savonarole, avant son entrée au cloître, un amour absolument apocryphe pour une Strozzi, et il attribue à Jeanne la Folle une laideur que tous les témoignages démentent. Bref, pour les faits avancés par Castelar, nous n'aurons pas une confiance plus aveugle que pour les assertions historiques de Lamartine. Tous deux, occupés de beaucoup d'ouvrages divers, n'ont eu que peu de loisir pour tout vérifier, et leur imagination saisissant avidement ce qui la frappait ou ce qui semblait, à première vue, expliquer ou mettre en relief les événements, s'est laissé tromper par des apparences, par des lueurs douteuses; le sens critique en histoire leur a manqué.

Souvent aussi la passion politique aveugle l'auteur espagnol. Ainsi il traite le pape Paul III, un de ces souverains absolus qu'il déteste, avec une partialité révoltante. Il avoue bien que, sur le compte de ce pontife, les dépositions sont très partagées, mais il ne nous dit pas pourquoi il choisit constamment les moins favorables. A quoi bon déclamer aussi contre les mariages royaux, conclus sans amour, dans le chapitre même où l'on va être forcé de reconnaître que Henri VIII était très épris de Catherine d'Aragon quand il l'épousa? Que d'inutilités enfin et que de réticences dans le récit du mariage de Luther! Mais parlons uniquement des inutilités. Castelar dit qu'il l'excuserait si un irrésistible amour l'avait entraîné; et là-dessus il entonne un hymne en prose à l'amour *qui rougit de ses flammes divines le grand univers!* Quoi de plus déplacé que de pareils ornements? Quoi de plus contraire, je ne dirai pas à la gravité de l'histoire, mais à l'attente du lecteur qui veut s'instruire sans phrases vaines et sans lieux communs? En revanche, la peinture du ménage de Luther forme, quelques pages plus loin, une églogue charmante, familière et qui ne nous choque pas, parce que les détails sont bien de ceux qui nous aident à connaître un homme.

Du reste, dans ce livre d'histoire si défectueux, les passages exquis ou sérieusement beaux ne sont pas rares, pas plus que dans les *Entretiens* de Lamartine ou dans ses fameux *Girondins*. Il nous serait impossible de les mentionner tous; disons seulement que, dans le premier volume, le récit du voyage de Bessarion est un enchantement; que, dans le troisième, l'œuvre de Calvin à Genève est bien appréciée et décrite d'une façon très simple, ce qui est méritoire de la part d'un écrivain porté aux grandes phrases. Partout, les délibérations des conclaves et des assemblées sont expliquées avec une précision pleine de vie et avec une complaisance bien naturelle chez un homme d'État, de plus en plus habitué, comme nous le verrons, aux débats des Cortès et aux luttes de la tribune. Enfin, l'évolution des idées de Luther, ses accroissements d'audace et d'obstination, ressortent admirablement dans le récit de l'auteur espagnol. Castelar n'est ni un luthérien, ni un calviniste; il condamne le mariage des prêtres, trouve le culte protestant glacial, abhorre toute opinion contraire au libre arbitre, mais approuve chez les sectaires du seizième siècle la revendication du droit d'examen. Luther marié, Luther fataliste lui déplaît; mais il aime Luther révolté, refusant de se soumettre au pape et à l'empereur, et ouvrant, par ce seul refus, la voie aux libres penseurs de tous les siècles.

Encouragés par l'exemple de leur maître, fiers et ravis d'aller puiser eux-mêmes leurs croyances dans les saints livres, les luthériens, durant la seconde diète de Spire, déclarèrent qu'ils n'obéiraient en matière religieuse ni à Charles-Quint, ni à son frère l'archiduc Ferdinand, ni à l'Église. Quand il arrive à cet épisode de son long récit, Castelar, s'associant complètement à cette révolte, mais reproduisant le langage austère des rebelles, écrit deux pages à la fois sobres et chaudes, qui sont des modèles de style historique.

Le 18 avril 1529, dit-il, il fut décidé qu'on n'écouterait plus les États évangéliques, et le lendemain l'archiduc, se présentant devant l'Assemblée avec toute sa cour, proclama ce rescrit, tant condamné par la minorité, comme une sentence sans appel et une résolution définitive de l'autorité impériale. En vain les cités et les princes luthériens demandèrent-ils du temps pour délibérer, l'archiduc ne le leur accorda point; et disant qu'il n'admettait plus de discussion sur l'arrêt rendu, il abandonna le lieu des séances et tint la diète pour terminée.

Alors ceux qui se voyaient lésés dans leur droit, ne pouvant s'adresser ni à l'autorité de l'empereur ni à l'autorité de la loi, s'adressèrent pour la forme aux États qui se trouvaient encore réunis, et en réalité à la conscience universelle. La liberté promise et décrétée dans la première diète de Spire s'élevait comme un principe inviolable et sacré dès le début de la protestation. Elle seule, disait-on, elle seule pouvait calmer les esprits, prévenir la guerre, sauver les consciences, concilier les plus grandes contradictions.

Le décret de la diète de Spire, rendu en 1526, répondait dans toutes ses parties aux nécessités de la politique germanique et assurait la paix dans toute l'étendue de l'empire. On ne pouvait consentir à le voir révoquer; d'abord parce qu'il s'agissait d'une décision proclamée solennellement par les pouvoirs publics; et ensuite parce que cette décision se rapportait, non à des choses mondaines et transitoires, mais au service de Dieu, auquel nous devons tous, en vérité, un plus grand respect qu'aux puissances de la terre. Les princes protestants ne pouvaient donc procéder contre leur propre conscience, condamner des doctrines universellement admises, abolir des cultes où déjà vivaient et mouraient des familles entières, parce qu'un tel acte, au fond, serait renier Jésus-Christ et rejeter sa sainte parole, lui donnant ainsi juste cause de les renier à son tour devant son Père. Puis, se référant à la partie du rescrit où l'on imposait le devoir d'interpréter les Écritures suivant la doctrine de l'Église, la protestation déclarait qu'il n'y avait nul accord pour admettre une seule Église comme vraie et sainte. La seule chose fixe dans l'univers était la parole de Dieu, et le seul document où la parole de Dieu se trouvât était la divine Écriture. « A ces causes, ajoutaient les princes luthériens, s'adressant à ceux qu'ils appelaient leurs seigneurs, leurs oncles, leurs cousins et leurs amis, nous vous supplions cordialement de vouloir bien peser toutes nos plaintes. Si vous ne vous rendez pas à notre prière, nous protestons par les présentes lettres, devant Dieu, notre unique créateur, conservateur, rédempteur et sauveur, que nous ne consentirons ni n'adhérerons d'aucune manière, ni pour nous ni pour les nôtres, au décret proposé, en tout ce qu'il a de contraire à

Dieu, à sa sainte parole, à notre loyale conscience, au salut de nos âmes et au précédent décret de Spire. »

Le mot de protestation resta donc gravé dans ce dernier article, et le nom de protestantisme appartint pour toujours à la nouvelle doctrine.

Comme l'archiduc Charles ne s'était plus présenté à la diète, les princes protestants se virent obligés d'aller eux-mêmes au palais archiducal, avec ce document si médité et si fier entre les mains. Le délégué impérial, frère de Charles-Quint, refusa de recevoir l'écrit, et comme, de leur côté, les princes refusaient de le remporter, il demeura déposé sur une table. L'obstination fut telle de part et d'autre, que l'archiduc, par l'un de ses conseillers, rendit la protestation aux princes. Inutile expédient : elle était écrite dans le cœur et dans la conscience des révolutionnaires. En vain le sceptre de fer de l'empire tombait sur eux ; ces grands poids accablants ne parviennent jamais à écraser la conscience ni l'idée. Les princes protestants et les cités anticatholiques se réunirent dans l'humble maison d'un pauvre diacre de l'église Saint-Jean de Spire ; là ils fixèrent et légalisèrent le document en forme juridique par le moyen d'un notaire. En faisant ainsi, ils en appelaient des contraintes impériales à l'Église universelle. C'est dans cet humble lieu que se formula définitivement la révolution religieuse. Il existe une incontestable analogie entre la réunion des députés de France au Jeu de Paume et celle des princes et des députés allemands chez le diacre. Peut-être l'une fut-elle les prémisses, l'autre la conséquence.

Ces lignes un peu partiales, mais simples et vivantes, n'étaient point encore tracées, lorsque la révolution espagnole de septembre 1868 éclata. Sous une coalition formidable de généraux tour à tour captifs et exilés, de princes persécutés, d'écrivains et de penseurs mécontents, d'hommes de toute condition travaillés d'idées nouvelles, Isabelle II vit son trône s'écrouler.

Emilio Castelar, qui venait d'assister au congrès international de Berne, rentra aussitôt de l'exil, plein d'admiration pour la Suisse et l'Amérique, de haine contre la royauté, de rêves républicains, humanitaires, mais non socialistes. Il comptait que, lassée des innombrables tentatives de conciliation entre la monarchie et la liberté, l'Espagne entrerait franchement dans une autre voie, et pour la pousser vers un avenir qu'il entrevoyait libre et superbe, il lui apportait son enthousiasme, sa parole ardente et imagée, sa mémoire riche de faits modernes et d'exemples historiques, tous ses dons d'orateur enfin, que nous nous attacherons prochainement à analyser, et surtout à faire sentir au lecteur français.

II

CASTELAR ORATEUR

Lorsque, déjà célèbre par ses cours universitaires, ses articles de journaux, ses harangues de clubs, ses combats sur les barricades, sa condamnation à mort et son exil, Émilio Castelar fut envoyé aux Cortès constituantes de 1869, il n'était qu'à demi satisfait du tour que les affaires prenaient en Espagne. Le gouvernement provisoire, issu de la révolution de Septembre, n'avait point proclamé la République, et c'était cette forme que Castelar croyait seule propre à réaliser son idéal. On voulait même revenir en arrière d'une façon plus significative, en mettant à la tête du pouvoir le général Serrano qui, avant de renverser Isabelle II, s'était plusieurs fois signalé par la répression des émeutes. Craignant de voir s'élever un régime militaire qui se transformerait bien vite en dictature, l'orateur républicain monte à la tribune le 22 février 1869, et, dès le premier discours qu'il prononce comme député, déploie toutes les splendeurs et quelques-uns des défauts qui caractérisent son éloquence.

Nous qui représentons aujourd'hui, s'écrie-t-il, la majesté de la patrie, hier encore nous n'avions point de patrie. Nos noms se trouvaient confondus dans les mêmes sentences de mort. Ici, sur le sol qui nous est cher, au foyer consacré par l'ombre de nos aïeux, le bourreau seul nous attendait. Nous traînions sur les rives des fleuves étrangers nos âmes désolées par cette tristesse de l'exil qui assombrit et couvre de fiel tous les objets.

Que de fois nous nous sommes rencontrés, les ministres actuels et moi, dans ces grandes cités pleines d'êtres humains, et cependant désertes pour nous! Que de fois nous nous disions : c'est vrai, toute la planète est de terre, mais ce n'est pas ici la terre dont la sève coule dans nos veines; toute l'atmosphère est formée d'air, mais ce n'est pas ici l'air qui a balancé notre berceau; le soleil partout est lumière, mais ce n'est pas ici celle dont nous gardons sur le front un baiser immortel; tous les hommes sont nos frères, mais ce ne sont pas ces frères qui expriment leurs pensées dans la majestueuse et sonore langue espagnole! Et après avoir vu les cités les plus populeuses; après avoir contemplé les monuments les plus grandioses; après nous être entretenus avec les génies les plus éminents de l'Europe et avoir observé le mouvement des idées en Allemagne, le mouvement des machines en Angleterre, la splendeur de la liberté, plus sublime en Suisse que les cimes éternelles des Alpes; après avoir parcouru les champs de l'Italie ornés de ces statues qui semblent encore exhaler de leurs lèvres de marbre les vers des poètes antiques et les dialogues de Platon, nos yeux se tournaient tristement vers la terre où le soleil se couche, et nous aurions donné toute notre existence pour vivre quelques moments au milieu de nos compatriotes, pour avoir l'assurance que nos ossements, au lieu de rester, plus froids et plus solitaires, dans le sol étranger, viendraient ici se confondre avec les os de nos pères, ne dussent-ils avoir pour épitaphe que l'herbe des champs et pour asile une sépulture ignorée; car rien n'est si grand, si sublime que l'amour de la patrie.

A cette magnifique amplification, toutes les oreilles s'ouvrent charmées et tous les cœurs battent; car le souvenir récent des peines de l'exil enlève à de telles paroles, au moment où elles se font entendre, toute apparence de banalité et de lieu commun. Mais l'orateur ne veut pas en rester là; son but est de discuter une proposition qui lui semble dangereuse à la liberté. Malheureusement, les auteurs de la révolution, encore très populaires à cette époque, sont, en même temps, les auteurs du projet et s'intéressent vivement à le faire triompher. Castelar, que la révolution a rappelé, ne peut, sous peine de paraître un ingrat, les attaquer sans quelque ménagement. Aussi commence-t-il par leur témoigner sa reconnaissance. Il remercie tous ceux qui lui ont rouvert les portes de l'Espagne; l'armée « qui a brisé les chaînes de la nation »; la marine « qui, s'inspirant du spectacle offert par les rivages de l'Amérique, immense ardoise, dit-il, presque entièrement pure de rois, où s'inscrivent les équations de la civilisation moderne, a précipité d'un seul cri dans les abîmes la dynastie et le trône, le tyran et la tyrannie ». Il rend grâces à Topete, au général Prim « illustre par une conspiration si tenace, si opiniâtre, si véritablement catalane »; à Serrano « qui, après avoir exercé tant de fois sa fascination militaire contre les républicains, s'en est servi enfin pour écrire avec son épée, sur le pont d'Alcolea, la sentence des rois anciens et l'émancipation des peuples futurs ».

— Mais, ajoute-t-il, la patrie a beau leur être reconnaissante, elle leur défend de revenir au pouvoir, parce qu'ils savent vaincre, mais ne savent pas user de la victoire pour achever l'œuvre de la liberté... La société, dont le mouvement est irrésistible comme celui des astres, passe par-dessus les hommes qui lui font obstacle et qui l'empêchent de parcourir l'orbite du progrès... Reconnaissance individuelle, oui, mais reconnaissance collective de la nation, pour qu'ils se perpétuent au pouvoir, non, mille fois non!... Combien les peuples ont payé chèrement ces reconnaissances! L'Angleterre fut reconnaissante à Cromwell, parce qu'il l'avait délivrée des Stuarts, et Cromwell, plus tard, confisqua à son profit les libertés anglaises. La France fut reconnaissante à ce jeune homme illustre, qui traversa les Alpes comme Annibal, renouvela, à Marengo et à Arcole, les antiques prouesses des héros et grava le nom français sur les pierres lumineuses du Thabor et sur la pointe des pyramides d'Égypte; et cette reconnaissance valut à la France d'être traînée à la queue d'un cheval de guerre, d'être envahie par les Cosaques; d'être encore aujourd'hui brisée et hors d'équilibre; peut-être même au printemps prochain aura-t-elle à payer cette reconnaissance par des torrents de sang... Ah! Messieurs, les sociétés antiques, les démocraties d'autrefois, tant qu'elles furent jeunes, furent ingrates, parce que la vertu militaire de Miltiade et la vertu civique d'Aristide leur inspiraient de la méfiance. Mais quand elles furent vieilles elles devinrent reconnaissantes, et se jetèrent, ivres de gratitude, dans les bras de César, qui pourrit le Capitole et le livra à ses successeurs pour qu'au bout de cinq siècles, les Goths et les Vandales vinssent y faire paître leurs chevaux.

Comme on le voit, la langue de Castelar, même à la tribune politique, abonde en images. Fils du dix-neuvième siècle, il les emprunte très souvent à la science; voyageur curieux, il les puise dans ses souvenirs de toute sorte; lecteur infatigable, il les prend à des poètes, à d'autres orateurs, à des écrivains en prose, et les applique parfois d'une façon inattendue à des idées que la politique du jour lui suggère.

Les sociétés commandées par des militaires, s'écrie-t-il, en rappelant un épisode de Dante, me paraissent semblables à ce Bertrand de Born qui, dans les profondeurs de l'enfer, portait sa tête à la main au lieu de la porter sur les épaules.

Ses énumérations historiques sont superbes, et il s'en sert, avec une passion dont il faut se méfier, pour exalter ou rabaisser les hommes et les choses. Quand il accumule les exemples et qu'il donne à chacun une importance énorme, véritablement oratoire et tendant par-dessus tout à gagner la cause républicaine, l'auditeur a souvent besoin d'un certain temps avant de recouvrer son calme, de pouvoir analyser les faits cités et les ramener à leur juste valeur ou à leur caractère exact.

Nous en verrons tout à l'heure des preuves redoutables; mais, dans ce premier discours, l'obstacle à vaincre étant la popularité même que l'armée vient de conquérir, Castelar s'attache à deux choses : à louer les militaires d'avoir préparé la république et à blâmer Serrano en particulier d'avoir abusé déjà des baïonnettes contre la liberté de la presse, contre les associations, contre les électeurs. Son éloge de l'armée est bien espagnol, et il était, en ce moment-là, nécessaire, car on n'aurait jamais voulu écouter l'accusation si elle n'avait été précédée du panégyrique.

Quand les hommes les plus illustres de l'Europe, dit Castelar, m'objectaient que notre armée se soulevait souvent, je leur répondais : C'est précisément là sa gloire. Ce fut un soulèvement que l'action de Daoiz et de Velarde refusant d'admettre l'alliance des Bourbons avec Napoléon Ier; et ce soulèvement rendit l'honneur à la patrie et ressuscita toutes les nationalités européennes. Soulèvement aussi l'action de Riego, qui répandit le régime constitutionnel dans toute l'Europe et produisit le fait capital de notre siècle, l'indépendance de l'Amérique; soulèvement, l'acte du sergent Garcia, qui fit renaître la Constitution parmi nous; soulèvement, l'acte d'Espartero, grâce auquel nous avons aboli les dîmes et donné le dernier coup au pouvoir politique de l'Église; soulèvement, l'acte d'O'Donnell, origine de ce torrent démocratique qui nous pousse aujourd'hui; soulèvement, l'acte du général Serrano, celui du brigadier Topete, celui du général Prim; mais ce soulèvement a rendu la monarchie impossible dans notre patrie. Considérées à la lumière des lois positives, peut-être ces révoltes sont-elles des fautes graves, mais regardées à la lumière éternelle de la conscience humaine qui bénit les héros de la liberté, ces révoltes sont les grands jalons qui vont marquant le progrès en Espagne...

Toutefois, messieurs, si je suis reconnaissant envers l'armée, je ne veux pas que nous soyons dominés par elle. Les sociétés ne peuvent exister aujourd'hui sans armée, comme le système planétaire ne peut exister sans mécanique; mais les sociétés où il y a une armée doivent mettre au-dessus de la force et des militaires le soleil, c'est-à-dire la raison et le droit.

Et ce droit, suivant Castelar, à qui appartient-il? aux représentants du peuple. C'est à la Constituante à gouverner elle-même en 1869 comme les Cortès de Cadix en 1812.

Nos lecteurs ont pu remarquer qu'en louant l'armée espagnole et ses révoltes, l'orateur n'a négligé aucune occasion d'agrandir les faits. Daoiz et Velarde ont, selon lui, *sauvé l'Europe;* Riego a répandu partout le régime constitutionnel; O'Donnell a ouvert *la source du torrent démocratique espagnol*, etc. A la rigueur, ces assertions peuvent se soutenir et des hommes d'opinions contraires ont été souvent d'accord pour les admettre. Mais où l'exagération du patriotisme et de l'esprit de parti est bien visible, c'est lorsque Castelar, tout plein de ses souvenirs et de ses passions d'émigré, nous montre l'univers attentif et palpitant aux premiers bruits de la révolution de Septembre. Et, tout en souriant de son exaltation, nous n'accusons pas sa sincérité; il a dû voir ainsi les choses dans son exil, et lié comme il l'était avec des républicains impatients, il a cru que leur commune ardeur se répandait dans l'univers entier :

Vous ne pouvez comprendre, messieurs les députés, dit-il aux Cortès, combien l'Europe était enthousiasmée dans les derniers jours de septembre. J'étais au pied des Alpes et j'entendais le chœur de tous les peuples. L'Allemagne et la France suspendirent l'explosion de leurs haines, parce que la pensée allemande et la pensée française étaient fixées au-delà des Pyrénées. Je l'ai entendu dire à des hommes illustres des deux pays qui se trouvaient alors au congrès de Berne. Les peuples morts palpitaient dans leurs sépulcres, les peuples esclaves bondissaient sous leurs chaînes. La Pologne crut qu'elle allait pouvoir réunir ses membres dispersés; la Grèce, qu'elle pourrait porter ses frontières au-delà des défilés de Macédoine; l'Italie espéra arracher sa couronne d'épines; la Prusse, remplacer son empire militaire par une fédération démocratique; les États-Unis nous saluèrent par d'éloquentes acclamations, pensant que l'esprit américain entrait dans le vieux monde par les rivages mêmes d'où étaient partis les navires qui découvrirent le nouveau; et la France nous chargea de la direction de la conscience humaine, et confuse, honteuse de sa servitude, laissa tomber entre nos mains le sceptre lumineux des idées. Grand et extraordinaire spectacle! Bien grands avaient été jadis les descendants des anciens puritains écrivant leur pacte social (aux États-Unis); mais il était beaucoup plus beau de voir ce peuple qui, avec Charles-Quint, s'était opposé à la réforme; avec Philippe II, à la tolérance religieuse; avec les régiments de Flandre, à la naissance de la Hollande; avec la flotte invincible, à la puissance de l'Angleterre; avec le duc de Savoie, à la prospérité de Genève; avec Albéroni, à la sécularisation de l'Europe; de voir, dis-je, ce peuple espagnol, ce champion de l'autorité, cet ennemi de toutes les libertés, secouant son suaire, se convertissant à la Révolution, parce que la conversion de l'Espagne, comme celle de saint Paul, comme celle de Constantin aux premiers siècles du christianisme, était la conversion de la conscience humaine à la révolution universelle.

Que d'illusions dans cette page! mais quel beau tableau! quel merveilleux mélange de poésie et d'histoire! Et comme ce républicain cosmopolite se montre bien, par la grandeur de ses projets, le descendant des Castillans d'autrefois qui ont embrassé les deux mondes dans leurs entreprises! Faire partout régner Dieu et l'Église par la force, tel a été le rêve des aïeux; faire régner partout la liberté par l'exemple et la contagion d'une démocratie espagnole, voilà ce que le petit-fils aurait voulu accomplir au dix-neuvième siècle et ce qu'il accuse Serrano et ses amis d'avoir empêché.

Qu'aurait-il fallu faire? demande-t-il ensuite, l'œil encore fixé sur ces visions républicaines, déçues, mais non évanouies; qu'aurait-il fallu faire pour que le pacte fût complet? Pratiquer avec sincérité les principes démocratiques. Quoi donc! le général Serrano croyait-il qu'il suffisait de renverser l'ancienne monarchie, la dynastie ancienne? Il est vrai, vous avez abattu le chêne séculaire, où les navigateurs à grandes découvertes taillaient leurs navires, où les guerriers coupaient le bois de leurs lances, où les grands poètes, gloire du théâtre, cueillaient leurs couronnes; vous l'avez renversé, cet arbre, dans la poussière; mais pourquoi? Parce que le feu de nos idées en avait brûlé les racines. Non, la Révolution, vous ne l'avez pas faite seuls, ni le brigadier Topete, ni le général Prim, ni le général Serrano. Ils y ont beaucoup *contribué*, ils ne l'ont pas *faite*. Dans l'atmosphère, la tempête n'éclate que lorsqu'il y a une grande charge d'électricité; les planètes non plus ne se forment que lorsque la matière cosmique se condense; et de même la révolution ne vient qu'après les travaux de bien des héros, les souffrances de bien des martyrs, les discours de bien des tribuns, les écrits de bien des publicistes; alors les larmes et le sang s'élèvent en vapeur; il se forme une grosse nuée dans la conscience publique; et cette nuée à laquelle personne ne peut résister, que personne ne peut arrêter, cherche un instrument comme le général Serrano, et, de gré ou de force, se réalisent les idées qu'elle porte en son sein orageux.

Nous avons traduit tout le passage, malgré les métaphores bizarres et incohérentes de la fin; *l'instrument d'une nuée*, *la vapeur des larmes*, tout cela choque vivement le goût français; mais l'allégorie du grand arbre est bien rajeunie par les détails nouveaux qui l'entourent et ce qui lui donne pour nous une émouvante beauté, c'est l'hommage rendu aux vieilles gloires de l'Espagne, que Castelar, malgré sa haine des rois, reconnaît avoir été dues à la monarchie, être nées du moins sous son ombre, au milieu d'un peuple prosterné devant elle et qui ne manquait pourtant ni de valeur ni de génie.

Les tirades que nous venons de citer annonçaient un orateur-poète qui saurait toujours charmer ou étonner ses adversaires mêmes par de grandes images et qui, embrassant de vastes horizons, intéresserait toujours l'auditoire à ses pensées, à ses souvenirs ou à ses rêves. Dans cette séance du 22 février 1869, il se plaignit qu'on n'eût pas nommé les conseils municipaux, les conseils généraux et jusqu'aux gouverneurs par le suffrage universel. A cette dernière proposition, des rires et des murmures éclatèrent. « Oui, oui, reprit Castelar, c'est bien là la grande théorie de la liberté. Vous ne la connaissez pas?... On voit bien que vous êtes novices en démocratie. »

S'étant ainsi placé, dans les Cortès constituantes, aux rangs les plus avancés, mais les moins nombreux, Castelar consacra durant deux années tout son talent à faire triompher ce qu'il appelait les *droits individuels* et à conjurer le retour de la monarchie.

Les droits individuels, si nous en jugeons par la lecture continue de ses discours, formaient un ensemble que presque tous ses collègues reconnaissaient théoriquement et qui se subdivisait en droit de liberté religieuse, droit d'association, droit d'énoncer et de faire imprimer sa pensée. Tout homme, en vertu de sa naissance et de son existence en ce monde, devait pouvoir exercer librement ces droits; mais les conservateurs voulaient que l'exercice en fût soumis, dans l'intérêt de la société tout entière, à quelques restrictions que des lois spéciales détermineraient. Castelar, au contraire, les déclare *ilegislables* (non susceptibles d'être réglés par des lois); il ne veut point de législation sur la presse, point de mesures particulières contre le danger des associations. Tout, selon lui, doit être soumis au droit commun : si un journaliste injurie ou calomnie, que les personnes lésées le traduisent en justice; si, au sortir d'une réunion, un crime est commis, que les coupables soient punis pour ce crime, mais que d'abord la réunion ait été libre. Telles sont, à ce moment, ses idées; et quand on lui objecte que les désordres, en attendant l'arrêt des tribunaux, auront tout loisir d'éclater, il répond : « Les orages de la liberté sont inévitables; mais la liberté elle-même nous aide à les traverser et je ne les crains pas; » tant sa confiance est grande dans le libre mouvement des peuples, et tant il réserve ses méfiances et ses craintes pour toute apparence de réaction, pour toute tendance à affermir ou à ressusciter les privilèges!

L'armée, si on l'en croit, doit être peu nombreuse sous les drapeaux, mais organisée comme en Suisse, où chaque citoyen, exercé pendant quelques mois seulement, et rendu à ses occupations et à sa famille, est prêt à défendre la patrie.

Il veut qu'aucune prérogative ne soit accordée au clergé. Plus de religion officielle, plus de budget du culte, séparation de l'Église et de l'État.

Comme les monarchistes, même les plus libéraux, résistent à ces réformes et maintiennent un privilège, ne fût-ce qu'en faveur du monarque et de sa dynastie. Castelar demande que l'on renonce à établir aucune royauté en Espagne et que l'on y fonde une *république fédérale*, seul gouvernement qui convienne, dit-il, à l'état présent des esprits et à l'histoire séculaire de la péninsule.

Pour soutenir ces idées, et particulièrement celles qui touchent à la religion, il s'arme souvent d'arguments faibles ou faux. Comment prouve-t-il, par exemple, que l'État peut, sans injustice, refuser au clergé le salaire dont il est convenu? C'est l'État, dit-il, qui a tout donné; il peut tout reprendre, surtout si le clergé lui fait de l'opposition, et soulève le peuple contre ses lois. Singulière assertion, car en Espagne, comme ailleurs, les particuliers avaient enrichi l'Église, et tant de donations, faites pendant des siècles par les seigneurs et les bourgeois, ne sauraient être révoquées sans dédommagement. Pourquoi citer aussi en faveur de la liberté religieuse un prétendu texte de saint Paul [1] qu'on ne trouvera jamais dans ses œuvres? Pourquoi excuser plus tard les utopies de l'Internationale en soutenant que le Christ lui-même attaqua un jour la propriété et recommanda à ses disciples de n'avoir nul souci du *tien* et du *mien?* L'Évangile ne porte point ces mots; le Christ dit simplement : « Ne soyez point inquiets au sujet du *vêtement* ou de la *nourriture*, car votre père céleste sait que vous en avez besoin. » C'est une leçon de détachement et de confiance en Dieu, et non pas une attaque contre la propriété. Bien que l'orateur se vante d'avoir une bonne mémoire (ce qui est, ajoute-t-il modestement, le don des sots), méfions-nous de ses citations; le besoin d'arguments les lui dicte trop souvent, et emporté par l'ardeur de la lutte, il les altère ou les invente, sans le savoir peut-être. Castelar n'est point socialiste; au congrès de Berne il vota pour la propriété individuelle, mais quand on dénonça en Espagne l'Internationale, il se crut, comme tant d'autres républicains, obligé de défendre ce redoutable corps, et il prétendit qu'il n'y avait point d'immoralité à soutenir la propriété collective. « Il y en a, s'écria avec grande raison un député, quand on veut par la force enlever le bien des uns pour le donner aux autres. » Et Castelar n'a jamais réfuté cette interruption, qui détruisait si nettement son sophisme et replaçait la question sur son véritable terrain.

Mais si sa logique et ses citations offrent trop souvent prise à la critique, sa vive imagination, armée de souvenirs et de lectures,

[1] Ce texte : *Non est religionis cogere religionem* (La religion ne doit point s'imposer par la force) est de Tertullien, *Ad Scapulam*, ch. II.

ébranle fortement les esprits et peut inquiéter quelques instants certaines convictions.

Dans ses discours du 12 avril et du 5 mai 1869, défendant la liberté religieuse et voulant la pousser jusqu'à la séparation de l'Église et de l'État, il s'attache à prouver que l'Église catholique résiste depuis des siècles à tout ce qui honore l'esprit moderne; il la montre maudissant la science, maudissant les constitutions libérales, excommuniant ses fidèles défenseurs dès qu'ils osent penser un peu librement. Ici, à force d'exemples accumulés et commentés avec une grande richesse de détails, il trouble la conscience de bien des catholiques qui croient la liberté et l'Église conciliables. Heureusement certains mots trop forts, comme celui-ci : *L'Eglise a excommunié Montalembert et Falloux*, avertissent l'homme qui sait la vraie valeur des termes, et le conduisent à faire un examen historique d'où il résulte que Montalembert et Falloux ont été excommuniés seulement par quelques journaux, et que l'Église, sans obliger aucun des gouvernements modernes à l'intolérance, les a toujours avertis (comme c'était son devoir) que toute autre religion tolérée par eux était fausse. Soumise à une critique exacte, la chaîne de faits cités par Castelar devient peu redoutable; mais au premier moment elle alarme l'auditeur en lui posant cet effrayant dilemme : Renonce à croire ou à penser [1].

Bien que plus d'un incrédule, en 1869 et 70, occupât les bancs de la Constituante espagnole, la majorité n'alla point jusqu'où voulait l'entraîner Castelar. Les uns craignirent de rendre l'Église trop puissante en la faisant absolument libre, les autres reculèrent devant l'injustice d'une spoliation, et la séparation de l'Église et de l'État ne fut pas prononcée. Mais la liberté des cultes triompha; les protestants purent venir fonder des temples en Espagne, les juifs y relever leurs synagogues, et les professeurs des Facultés enseigner impunément les doctrines les plus opposées au catholicisme. Pour faire triompher cette cause, depuis longtemps gagnée dans le reste de l'Europe, Castelar avait habilement divisé ses auditeurs en deux parties : aux admirateurs du passé il montrait l'Espagne du moyen âge admettant à l'ombre de la cathédrale la mosquée et la synagogue; aux propagateurs de l'esprit moderne il proposait l'exemple des nations voisines, où le régime de la liberté dans les recherches et les discussions scientifiques avait enfanté tant de prodiges et de découvertes.

Du reste, au moment même où il attaquait le plus vivement le clergé catholique, Castelar n'a jamais demandé de persécution. Il

[1] Discours du 2 avril 1870, t. III, p. 255-267.

veut, au contraire, que tous les religieux, et même les Jésuites, qu'il abhorre, puissent vivre en associations sur le territoire. Nul monopole d'enseignement ne lui plaît; il les sacrifierait tous volontiers, pour que la liberté devînt plus complète et que le duel entre les doctrines fût plus franc.

Il y a, dit-il, une Université et une Église. Vous payez l'Université, vous payez l'Église également. Et savez-vous ce qu'enseignera l'Université payée par vous? Elle enseignera le droit naturel, l'histoire du progrès, la philosophie rationaliste, pendant que l'Église, payée aussi par l'État, enseignera la politique de l'autorité, l'histoire réactionnaire, le droit canonique, et que tous les peuples doivent être soumis au pape. De sorte que votre constitution n'est qu'une guerre continuelle, où périra le plus faible, qui est l'État... Mgr l'Archevêque de Santiago est venu ici demander au nom de l'Église qu'on la rétribuât par une pension. Hé bien! moi, je suis professeur, et si vous voulez suivre mon conseil, retirez à l'Université sa pension, retirez la sienne à l'Église; laissez l'Université sans budget, l'Église sans budget également; laissez-nous libres, complètement libres les uns et les autres; et détachés alors des liens de l'État, nous verrons, dans la grande lutte de la liberté, à laquelle des deux institutions reste la victoire.

Défi vraiment chevaleresque, attitude tout espagnole, que les conquérants de Grenade et les défenseurs de Saragosse ne désavoueraient point. Certes, s'il est un homme qui ait étendu ses regards, ses pensées et ses affections au-delà de son pays natal, c'est l'orateur qui nous occupe en ce moment; il connaît plusieurs langues, il a écrit l'histoire d'une révolution religieuse qui a éclaté surtout dans le centre et le nord de l'Europe; il a composé un ouvrage spécial pour faire connaître à ses concitoyens l'état de la Russie contemporaine; il cite continuellement l'exemple des étrangers, et le mouvement général du monde est sans cesse présent à son esprit; mais, à certains moments, la note espagnole résonne dans ses discours avec une intensité touchante, et cette note, à vrai dire, est tout un accord, où le catholicisme, en dépit de l'école critique, fait encore entendre un écho.

Messieurs les députés, dit-il après avoir commencé son attaque au principe de l'union de l'Église et de l'État, je veux vous parler comme si je me présentais devant Dieu. Je n'appartiens pas au monde de la théologie et de la foi; j'appartiens, je crois appartenir au monde de la philosophie et de la raison. Mais si je devais un jour revenir au monde que j'ai quitté, je n'embrasserais certainement pas la religion protestante, dont le froid me sèche l'âme, me sèche le cœur, me sèche la conscience, cette religion protestante, éternelle ennemie de ma patrie, de ma race, de mon histoire ; je retournerais au bel autel qui m'inspira les plus grands sentiments de ma vie, j'irais encore me prosterner à genoux devant la Vierge Sainte dont le sourire a calmé mes premières passions ; je replongerais mon esprit dans le parfum de l'encens, dans le son de l'orgue, dans la lumière tamisée par les vitraux et reflétée sur les ailes d'or de ces anges qui furent les éternels compagnons de mon âme en son enfance ; et quand je mourrais, Messieurs les Députés, je chercherais un asile au pied de cette croix sous les bras sacrés de laquelle s'étend le lieu que j'aime et que je vénère le plus ici-bas, la tombe de ma mère.

Puis s'adressant au chanoine Manterola, son collègue à la Constituante de 1869 et son adversaire le plus habile dans toutes les questions religieuses, il lui demande « de prier pour ces législateurs qui réconcilient toutes les classes et toutes les races, et qui, ne voulant plus voir ni juifs ni païens, mais partout des hommes, réalisent sur la face de la terre l'amour et la justice de Dieu. »

Comment nos républicains d'aujourd'hui accueilleraient-ils en France un tel langage? La plupart hausseraient les épaules, sans doute, en plaignant leur pauvre confrère, perdu de mysticisme malgré ses hardiesses et malgré ses rêves de réforme. Mais que voulez-vous? Castelar, devenu rationaliste, croit encore en Dieu, et cette conviction, restée dans son âme, cherche encore un culte, et ce culte est encore le culte catholique, le seul que son imagination espagnole puisse accepter.

Espagnol et cosmopolite, voué à l'enseignement de l'histoire et à la propagation des idées du siècle, il a su, plus d'une fois, fondre admirablement ces deux caractères dans son éloquence. Le jour, par exemple, où il fut question d'organiser les administrations de villes et de provinces, parcourant du regard toute l'Europe, et montrant, selon les pays, les inconvénients de la centralisation et les avantages de la liberté communale, il demanda que l'Assemblée rétablît sous des formes modernes le vieux municipe espagnol. Dans une de ces revues historiques, dont il a le secret, il fit voir cette institution créant toutes les grandeurs du pays, l'entraînant dans sa chute, le relevant quand elle se relève elle-même, et il termina par une phrase dont le dernier mot résume tous ses vœux pour toutes les nations : « Le municipe a été et sera toujours le foyer du peuple, l'arbre à l'ombre duquel s'embrasseront un jour la démocratie et la liberté sur le sol fédéral de la nouvelle Europe. »

Fédération républicaine, en Espagne d'abord, puis partout, c'est l'idéal constamment soutenu par Castelar, de 1869 à 73. On en souriait, comme il l'a lui-même avoué dans un de ces discours; on le traitait de poète, de Lamartine et de Victor Hugo espagnol. Il s'en défendait en disant qu'il n'avait jamais écrit un seul vers : mauvaise raison, puisqu'on peut être un grand poète en prose. D'autres jours, on le traitait d'utopiste, et c'était fort juste; car les faits ont prouvé depuis que la république fédérale, tant préconisée par lui dans la Constituante, ne pouvait être en Espagne qu'un chaos sanglant. « Utopistes, répondait-il avec un sourire assez fier, nous le sommes un peu, nous autres républicains, mais pas autant que vous le croyez peut-être ».

Si, en effet, l'imagination l'emportait trop loin et lui donnait sur un douteux avenir des visions bien prématurées, une certaine sagacité native lui faisait découvrir souvent des choses réelles à côté ou en face de lui. Quand Prim et ses agents, ne voulant pas rétablir les Bourbons, se mirent à chercher dans toutes les cours d'Europe un roi pour l'Espagne, Castelar vit clairement leur jeu, mais comme il ne pouvait rien leur faire avouer, il s'en vengea en les criblant des plus fines railleries. Il est Andalou, ne l'oublions pas; et l'Andalou le plus ardent de cœur, ou le plus riche de fantaisie oratoire et poétique, a toujours un fonds d'enjouement qui volontiers s'épanche et fait succéder le rire à l'attention émue ou admirative de l'auditoire. Chaque fois que l'état des affaires ou l'attitude des hommes politiques présente un côté ridicule, Castelar ne le laisse pas échapper, et l'on s'en aperçut bien en certaines séances où les candidatures au trône furent l'objet de débats ou d'allusions.

Le 12 mars 1870, chacun se taisait; personne n'osait risquer la moindre réflexion, prendre la plus timide initiative, et tout le monde cependant avait beaucoup à dire, soit contre la politique du jour, soit sur la monarchie nouvelle qu'on voulait fonder. Castelar, frappé de ce silence, sent tout ce qu'il renferme de comique et de redoutable, et, changeant de ton avec une souplesse merveilleuse, force tous ses collègues et peut-être Prim lui-même à rire à leurs propres dépens et à trembler aussi pour leur honneur.

Un orateur illustre de cette Chambre, dit-il, appelait jadis le général O'Donnell l'unité suivie de zéros; moi j'appelle le général Prim un zéro capable d'être additionné avec toutes les quantités imaginables et toutes les combinaisons politiques possibles. Je ne l'appelle pas zéro parce qu'il est nul; je sais qu'il est au contraire très intelligent, très puissant, très fort et très habile; je l'appelle zéro parce qu'il est indéterminé. Et pour me faire mieux entendre, prenons un exemple. Imaginons que les probabilités d'une monarchie se cotent à notre bourse politique, c'est-à-dire dans notre salle de conférences, à 9. Placez résolument en sa faveur, c'est-à-dire à droite, le général Prim, cette monarchie se cotera demain à 90! Mettez à gauche, c'est-à-dire contre elle, le général Prim, et demain elle descendra à la catégorie de nombre décimal. Un homme qui peut par ses évolutions augmenter ou diminuer la valeur d'une institution aussi grande, aussi antique et aussi forte que l'institution monarchique, est un homme bien puissant, mais en réalité c'est un homme aussi bien responsable.

Il sait qu'il ne peut pas se soutenir longtemps dans cet équilibre impossible qui consiste à être au-dessus des partis, avec tous et contre tous. Aussi le secret de sa politique est-il de suggérer à tous des espérances. Il ne les suggère pas par ses promesses, car il est très prudent et ne promet pas; ni par ses paroles, car il est très réservé et ne se prononce pas; ni par ses actes, car il est très diplomate et ne s'engage pas; mais il les fait naître, et chez tous, par l'énigme et le mystère de sa politique.

Observez ce qui se passe dans cette Chambre. Personne ne parle, personne ne veut parler sur la politique du gouvernement. Supposez que je veuille engager à parler tous les chefs des groupes que la majorité renferme : je serais bien naïf de me le proposer; car personne ne parlerait. J'aurais beau dire les choses les plus atroces, me moquer des orateurs muets, dire qu'ils ressemblent à l'Achille du poème d'*Alexandre*, tricotant dans un couvent de nonnes au lieu de combattre; ils ne se fâcheraient pas et continueraient à se taire. Vainement je leur attribuerais les projets les plus échevelés, les plans les plus absurdes, ils se tairaient. Que j'essaie de les attaquer en les nommant... — Je ne nommerai pas M. Canovas; il est en ce moment un peu loin de la situation. — Mais je nommerai M. Posada Herrera, qui est l'ami et l'ennemi du gouvernement et qui se trouve dans une position indéchiffrable, impossible. Eh bien! il ne prendra pas la parole, il s'enveloppera dans son mystérieux silence. J'attaquerai alors le plus impétueux de tous les orateurs, celui qui engage les batailles parce qu'il est toujours sûr de les gagner; et si, malgré ma petitesse et sa colossale stature, je veux le faire sortir de sa tente en le défiant de lutter avec moi, sa tente restera fermée; il ne parlera pas, cet éloquent orateur, M. Rios Rosas. Que j'aille maintenant trouver mes anciens amis, que je demande à M. Rodriguez, dont le tempérament est éminemment guerrier, pourquoi il s'est démis de la vice-présidence, pourquoi il a abandonné ses compagnons; et, bien qu'il ne puisse se contenir, bien que cette phrase : *Je demande la parole*, erre sur ses lèvres, il ne demandera pas la parole. Nous sommes ici dans une assemblée d'ombres; personne ne dit mot, et il n'y a que deux choses bien franches, ma voix et le visage de M. Topete [1].

[1] Partisan déclaré du duc de Montpensier.

Quelle page d'histoire! anecdotique, sans doute, mais vraie et vivante, indispensable pour expliquer l'histoire officielle! et quelle scène amusante! quels coups de pinceau dignes de la Bruyère! et comme on aime à voir cette parole, le plus souvent imagée et solennelle, descendre ici aux détails les plus piquants! Mais un orateur politique n'a pas pour but de divertir ceux qui l'écoutent, il tend à agir sur leurs esprits, à en augmenter, à en ralentir, à en modifier l'impulsion. Depuis le jour où Prim, pour avoir renversé le trône, obtenait de Castelar les compliments que nous avons cités plus haut, un an et demi a passé, et ce même général, en cherchant un roi, a perdu l'estime du républicain, qui l'accuse de confondre la liberté avec sa personne et de croire la liberté parfaitement sauve pourvu que son pouvoir, à lui, s'étende partout. Protestant avec une vigueur contenue contre cette tendance ambitieuse, Castelar s'écrie :

Je dois dire au général Prim que le peuple espagnol, aujourd'hui, se défie beaucoup de son chef. Depuis sa dernière campagne au pouvoir, son nom est très impopulaire; tout le monde dit que le général Prim n'est ni révolutionnaire ni conservateur; tout le monde dit qu'il ne va ni à la monarchie ni à la république; tout le monde dit qu'il ne réalise ni les réformes qu'exige la démocratie, ni la stabilité qu'exige le pouvoir; tout le monde dit qu'il ne sait créer ni l'ordre ni la liberté. Qu'il écoute bien, et il entendra cela. S'il n'entend pas, si le peuple se tait, qu'il tremble; le silence, disait Tacite, est la preuve d'une grande crainte et d'une grande colère.

Sommé de se prononcer pour la république ou la monarchie, Prim qui était monarchiste (à condition qu'on lui déférât le choix du monarque) continua à s'occuper de trouver un roi pour l'Espagne. Toutes les fois, il est vrai, qu'une de ses négociations commençait à être connue, Castelar s'attachait à discréditer d'avance le prétendant aux yeux de la Chambre et du peuple. Remuant avec un malin plaisir toute l'histoire des familles royales jusqu'à nos jours, il en faisait un perpétuel réquisitoire dont la conclusion était : rejetez ce prince, d'abord parce que ce n'est plus le temps des rois; ensuite parce qu'il est étranger, soit de naissance, soit d'origine, et enfin parce que, de père en fils, ils sont indignes de conduire les nations. Rendant hommage aux vertus domestiques du duc de Montpensier, il l'attaquait du reste comme Bourbon, comme Français, comme petit-fils de Philippe-Égalité, et comme ayant conspiré, disait-il, contre sa belle-sœur Isabelle. Le duc n'était prince espagnol que par sa femme, sœur de la reine déchue; aussi Castelar en appelait, pour lui barrer le chemin du trône, aux sentiments les plus sacrés de la famille.

L'Espagne, s'écriait-il, et surtout les libéraux ne s'expliqueraient pas comment, de ces deux jeunes filles qui ont dormi dans le même berceau, l'une se lèverait et étoufferait l'autre, c'est-à-dire la détrônerait. C'est là ce que ne comprendra jamais la conscience de notre pays.

Observation très juste, et qui, je n'en doute pas, découragea fort heureusement les partisans indiscrets du prince. Il avait raison ce républicain; le monde a assez vu de discordes semblables, assez de rois détrônés par leurs parents, assez de violations des droits héréditaires commises par ceux que l'hérédité seule a pu faire mettre au rang des prétendants. Les vrais monarchistes de tous les pays doivent se réjouir que M. le duc de Montpensier n'ait jamais régné sur l'Espagne, oui, s'en réjouir... autant qu'il s'en félicite lui-même.

Mais tous les efforts pour empêcher Prim de trouver un roi furent déjoués, et le 3 novembre 1870, il présenta aux Cortès constituantes la candidature du prince Amédée de Savoie. Dans cette séance, Castelar fut superbe, et prenant successivement tous les tons, commença par railler les longues incertitudes et les déceptions des négociateurs du gouvernement. Il montra l'ancien roi de Portugal, don Fernando, « obscur prince allemand, refusant la couronne de Charles-Quint et d'Isabelle la Catholique », puis le duc de Gênes « un jeune homme charmant, très ami des arts, obligé par Napoléon III de renoncer à ce diadème qui le tentait peut-être »; puis le prince de Hohenzollern, dont la candidature fut l'occasion d'une guerre effroyable entre l'Allemagne et la France; et enfin un second fils de Victor-Emmanuel, « lequel a accepté parce que Napoléon III n'est plus là pour le lui défendre. »

Si j'étais monarchiste, ajoute l'orateur, je m'affligerais fort : la fidélité monarchique est morte en Espagne. La fidélité, en effet, c'est l'adhésion à une personne, à une famille royale. Que dire d'une nation qui, au mois de juillet, avait un roi allemand et au mois d'octobre un roi italien? Mais cela s'explique; vous êtes tous des enfants de ce siècle et vous ne croyez plus au droit divin. Les monarchistes eux-mêmes ont ruiné la monarchie. Les premiers qui ont détruit le prestige royal étaient des monarchistes en insurrection. Orateurs, généraux, tous, quoique monarchistes, vous avez fait des conditions aux rois; vous leur avez mis le bonnet phrygien sur la tête; les vieilles institutions sont mortes par une décomposition intérieure à laquelle vous avez contribué vous-mêmes de toutes vos forces et de toutes vos idées. Il n'y a donc plus de rois possibles aujourd'hui... Je voudrais réveiller les grands rois, les vrais rois, ceux qui dorment à Westminster, à Saint-Denis et à l'Escurial, et les faire venir ici. Comme ils se riraient de nous! Votre roi nouveau ne naîtra pas du mystère, mais de la conviction raisonnée; il ne descendra pas d'une nue tonnante, il sortira d'une urne électorale et plébéienne. Il ne sera pas le père, mais le fils de ses sujets. Son autorité ne reposera pas sur ses droits, mais sur nos votes. Au lieu de cette couronne d'or où sont gravés les noms de saint Ferdinand, d'Alphonse X et du Cid, il va porter une couronne de chrysocale avec les noms de Prim, de Rivero, de Topete et de Martos, noms funestes à toute monarchie. A côté d'un héritage de vagues privilèges, vous allez mettre un héritage de colères ardentes...

Et vous croyez que les générations nouvelles respecteront votre œuvre? Chacun de ces jeunes gens élevés par une université rationaliste dira : Mon droit est en moi-même; pourquoi les Cortès constituantes me l'ont-elles ravi? pourquoi ont-elles substitué leur souveraineté à celle de toutes les générations? Je n'ai pas fait la loi qui me donne ce monarque; je ne dois donc pas lui obéir. La volonté nationale, dites-vous, est le fondement de la monarchie nouvelle. Eh bien! la volonté nationale est mobile; elle change, par cela même qu'elle est progressive. Vous aviez un trône fondé sur le roc; il va être maintenant fondé sur des vagues. Et vous aurez bientôt la révolution et la guerre.

Malgré ces menaces, on passa outre. Amédée de Savoie, duc d'Aoste, fut élu par 191 voix sur 311, et le 2 janvier 1871 il entrait à Madrid, où sa première visite était pour le cadavre de Prim, de l'homme qui l'avait fait roi et que sept balles venaient d'en punir.

Durant tout le règne d'Amédée, Castelar revendiqua le droit de la nation à se gouverner elle-même et surtout à ne point être sujette d'un étranger. Il entretint par d'éclatantes sorties l'irritation du sentiment patriotique. Que de fois le président des Cortès et les ministres furent partagés entre la douleur de voir attaquer leur monarque savoisien et le plaisir d'entendre évoquer toutes les gloires, présentes et passées, de leur pays! Castelar déclara un jour que les ducs de Savoie avaient été « les hallebardiers du roi d'Espagne ». On voulut lui imposer silence, mais il soutint que l'histoire avait ses droits, et qu'il fallait surtout les respecter quand son témoignage était glorieux au peuple espagnol. Or le souvenir de la domination exercée jadis par les Castillans sur l'Italie et sur l'Europe entière était de ceux qu'un vrai patriote ne devait jamais étouffer. Et là-dessus commença un de ses résumés historiques, qui, agrandissant ou diminuant les faits avec un merveilleux à-propos, ne laissent, dans l'imagination surprise de l'auditeur, aucune place pour une conception différente des choses ou pour un autre jugement sur les personnes. La réflexion, il est vrai, peut modifier l'effet produit par ce pouvoir étrange, mais elle vient toujours un peu tard, et chez certains hommes elle ne vient jamais. D'ailleurs, dans cette lutte contre une dynastie italienne que des groupes d'hommes politiques, compromis par leurs révoltes contre les Bourbons, voulaient imposer à l'Espagne, trop de sympathies soutenaient Castelar pour qu'aucun de ses brillants réquisitoires échouât devant l'opinion publique.

Il fut moins heureux et recueillit moins d'approbations dans les Cortès et même dans le pays lorsqu'il voulut défendre deux mauvaises causes, celle de la Commune et celle de l'Internationale. Faire croire aux Espagnols que les fédérés de Paris voulaient simplement défendre la république, menacée par l'Assemblée royaliste de Versailles; persuader à nos voisins que l'Internationale discutait, sans menacer personne, les plus inoffensives utopies, c'était une double tâche au-dessus de son talent même et qu'il fut réduit à entreprendre avec des raisonnements très faibles, des citations forcées et des assertions inexactes. L'éclat des images et la largeur des vues ne purent masquer l'absence de sens pratique, et l'on douta même que l'orateur crût à l'innocence de ses clients. Les plus charitables le plaignirent alors d'être enchaîné, comme tant de républicains honnêtes, à une tourbe de misérables ou d'insensés. N'ayant pas encore lui-même occupé le pouvoir, ne sachant pas combien cette arrière-garde lui serait importune et odieuse le jour où il voudrait fonder la république, il fit à de tels hommes beaucoup trop d'honneur, et se compromit (nous le verrons bientôt), sans les gagner.

La question religieuse, débattue de nouveau, à l'occasion des efforts du roi Amédée pour se concilier le clergé espagnol, donna encore lieu à Castelar de professer ses convictions philosophiques. Il déclara de nouveau, le 6 novembre 1871, qu'après avoir été longtemps chrétien, il était devenu *définitivement rationaliste* et avait quitté avec douleur les autels où s'était prosternée sa jeunesse, en voyant que l'Église maudissait la liberté.

Cette fois, pas plus que la première, il n'avait raison, mais l'histoire de l'esprit espagnol explique et excuse en partie une si grave erreur. Il est certain qu'au delà des Pyrénées la paix religieuse fut achetée bien cher dans les trois siècles qui suivirent la Réforme. Les défiances de l'Inquisition, dont sainte Thérèse elle-même faillit être victime, tinrent le pays éloigné du mouvement scientifique et intellectuel, et, pour ne pas s'exposer à l'hérésie, les universités demeurèrent près de trois cents ans ensevelies dans la scolastique. De là, chez beaucoup d'âmes généreuses, une horreur farouche du passé, et un ardent désir de voir toutes les doctrines s'énoncer et se discuter sans contrainte en Espagne. Nul n'est plus opposé que Castelar à l'athéisme; nul ne redoute davantage les idées matérialistes qui abaissent le but de la vie et enlèvent au malheur ses divines consolations; mais il croit qu'à l'âge où l'esprit humain est parvenu, toute conviction que l'on veut lui imposer le révolte ou demeure stérile. Et cette manière de voir n'appartient pas à lui seul; beaucoup de catholiques, moins ébranlés que lui dans leur foi, ont comme lui réclamé la liberté de l'esprit. Lacordaire et Montalembert ont à jamais relégué au rang des choses mortes les procédés de violence ou d'inquisition; fils dévoués de l'Église et hommes du dix-neuvième siècle, ils n'ont pas demandé pour elle l'autorisation de faire cesser par la force toutes les attaques, mais celle d'y répondre par la parole, par l'enseignement libre et par l'exemple.

Assurément les deux grands chrétiens que nous venons de citer réprouveraient les négations de Castelar et la façon légère dont il traite les droits de l'Église à la conservation de ses biens ou de ses légitimes indemnités; mais ils reconnaîtraient qu'il n'a jamais voulu opprimer le prêtre, ni disperser les religieux, ni mettre d'entraves à la prédication du dogme et de la morale. Quant à la forme dont les idées de Castelar sont revêtues, Lacordaire pourrait l'avouer en plus d'un passage. Tous deux sont de même race oratoire; ils ont le don naturel et la passion de l'image vive et du large tableau.

Pendant tous ces débats que Castelar se plaisait, selon son penchant, à agrandir et à généraliser, le trône du prince savoisien s'effondrait. Repoussé par la fidélité des uns au souvenir de la maison de Bourbon, par les espérances républicaines des autres, par le sentiment national de tous; voyant se dissoudre sous sa main les différents corps de l'armée, et convaincu de son impuissance à gouverner l'Espagne, Amédée résigna enfin la couronne le 11 février 1873, et Castelar, que les Cortès avaient chargé de rédiger leur réponse au message d'abdication, se trouva en présence d'une situation complexe, qui semblait lui sourire, et en réalité le menaçait. Il pouvait faire proclamer la république, il n'y manqua pas; mais épris d'ordre, de justice et de légalité, il rencontrait, comme tant d'autres chefs républicains, les aspirations désordonnées de son propre parti, et pour les combattre ou les diriger, il n'avait encore que la parole.

III

Quand le roi Amédée de Savoie eut été contraint d'abdiquer, il ne suffisait plus à Castelar d'avoir fait proclamer la république et de l'avoir glorieusement inaugurée par l'affranchissement des esclaves de Cuba; il lui fallait la soutenir et la défendre contre les carlistes depuis longtemps soulevés, et contre les républicains eux-mêmes, réclamant deux réformes souvent promises : la division de l'Espagne en provinces fédérales, et la séparation de l'Église et de l'État.

Le gouvernement, qu'il appuyait, mais qui avait encore à sa tête un monarchiste forcément rallié à la république [1], parvint à différer jusqu'au 1er juin 1873 l'ouverture des nouvelles Cortès constituantes. Cinq semaines après, le 8 juillet suivant, Castelar, gourmandant également tous les partis, leur reprochait de s'exécrer entre eux, et de ne pouvoir, même dans le sein de l'assemblée, écouter sans horreur leurs explications mutuelles.

D'où vient tout cela? ajoutait-il avec une franchise surprenante. De ce que nous ne sommes ni un peuple républicain, ni un peuple démocrate, ni un peuple fédéral; de ce que nous ne sommes peut-être pas un peuple moderne. Et savez-vous pourquoi vous êtes tous intransigeants? Parce que vous êtes tous nés et avez été élevés tous dans la servitude.

Il leur proposait ensuite l'exemple d'autres peuples, comme les Anglais et les Suisses, qui depuis des siècles vivent au sein de la liberté, et qui, sans se décourager jamais, sans jamais recourir à la force, ajournent, de législature en législature, de plébiscite en plébiscite, la réalisation des réformes, donnant chaque fois quelques suffrages de plus aux idées nouvelles, et ne commençant à les mettre en pratique que lorsque la nation entière les a adoptées. L'exemple était bon, la leçon très sage; mais on pouvait dire à l'orateur : Pourquoi donc, s'il en est ainsi, nous avez-vous sitôt mis en république? Pourquoi n'avoir pas eu, vous le premier, la patience d'attendre? Et de toutes parts les attaques se multipliaient; les fédéralistes, s'insurgeant et ne donnant pas aux Cortès le loisir d'organiser une fédération provinciale, morcelaient l'Espagne en cantons, dressaient des barricades, refusaient de reconnaître le gouvernement de Madrid. Castelar avait beau leur dire que le pays ne s'était jamais senti plus libre, que dix mois auparavant on était

[1] D. Estanislao Figueras.

encore opprimé, que la proclamation de la république avait été l'*avènement du royaume de Dieu*, et que l'on pouvait bien faire halte après une si heureuse évolution. Rien ne calmait l'impatiente fureur de ce parti, qui, selon l'usage, accusait Castelar de se liguer, comme tous les satisfaits, avec des conservateurs et des rétrogrades, pour mitrailler le peuple et forcer l'esprit du siècle à reculer.

L'orateur, faisant face à toutes les agressions, reconnaissant toutes les difficultés, blâmant tous les excès, mais ne renonçant ni à la république ni même à la fédération, et demandant seulement un peu de temps pour la constituer, parvint à rallier les suffrages autour de deux idées centrales : l'écrasement du carlisme armé, et la conservation de l'unité espagnole.

Tout ce qu'il fallait faire pour atteindre ce double but, il le proposa et il l'obtint. En face de réalités menaçantes, il rétracta ou déclara inopportunes certaines utopies qu'il avait aimées. Partisan des armées nationales non permanentes, adversaire des levées en masse, et même de la conscription régulière, il avoua cependant que, pour en finir avec les soldats de D. Carlos, une levée était indispensable et que, sans cette ressource suprême, la république ne pouvait manquer de périr. Dans la séance du 16 août 1873, il reconnut la désorganisation de l'armée nationale, les progrès, le courage, l'héroïsme des carlistes, l'isolement complet de l'Espagne républicaine, la honte qu'il éprouvait à voir les Cortès passer une matinée entière à se déchirer; et rappelant avec une brièveté toute pratique les exemples d'énergie guerrière donnés par la Convention française et par l'assemblée des États-Unis, il ajouta :

Si vous ne votez pas les armes et l'argent dont le gouvernement a besoin pour terminer la guerre civile, la responsabilité des événements ne tombera pas sur nous, qui avons travaillé à obtenir ce vote, mais sur ceux qui veulent s'y opposer. Et quelle effrayante responsabilité si, ayant pensé à fonder une république, nous avions engendré la réaction et le carlisme!

Neuf jours plus tard, montant au fauteuil présidentiel des Cortès, il insistait sur le devoir de sauver l'*intégrité totale* de la patrie, et il demandait à Dieu sa protection pour tous ceux qui coopéreraient à cette œuvre.

A mesure qu'il approchait du pouvoir suprême, il comprenait mieux les nécessités matérielles et morales de la situation. D'autres, qui avaient passé jusque-là pour ses coreligionnaires politiques, s'obstinaient, au contraire, à ne pas les reconnaître. M. Pi y Margal, trop fédéraliste, avait dû renoncer à diriger l'État; M. Salmeron, son successeur, trop fidèle à certaines idées philosophiques, refusait de laisser appliquer la peine de mort aux militaires coupables d'insubordination. Après quelques moments de doute, Castelar resta persuadé qu'une pareille clémence rendait toute organisation militaire impossible; et, puisant dans l'évidence du péril public le courage de se dédire et de braver l'impopularité, il s'écria, le 8 septembre 1873, au moment où l'assemblée venait de le déclarer président du pouvoir exécutif :

Oui, Messieurs, l'abolition de la peine de mort est un de nos principes politiques, mais personne, absolument personne, aucune république au monde, même les plus démocratiques, n'ont eu l'idée de dire et de soutenir que l'armée puisse exister sans discipline, et qu'étant une machine de guerre destinée à marcher à la mort, elle puisse le faire sans avoir derrière elle, pour appuyer sa force et son énergie, une peine établie dans tous les codes militaires du monde sans exception, la peine de mort!

Eh quoi! pouvons-nous permettre plus longtemps que les convois s'égarent et se perdent, que les officiers et les chefs, sur lesquels doit tomber le règlement avec plus de rigueur parce qu'ils ont plus de responsabilité, reculent et abandonnent les régiments? Peut-on permettre que les soldats crient : à bas les galons et les étoiles! que les fusils soient livrés aux carlistes, que les hommes chargés de défendre la sécurité en deviennent le fléau et commettent des pillages et des déprédations; qu'en beaucoup de provinces d'Espagne on ne jouisse d'aucune tranquillité et que l'on préfère les factieux aux troupes du gouvernement; que le général Cabrinety meure parce qu'un cornette a plus d'autorité que lui sur ses bataillons? Peut-on tolérer que cela continue, sans convaincre le monde, qui déjà commence à le croire, que la société espagnole est revenue à l'état primitif, à l'état sauvage, et que, si elle a proclamé la république, c'est pour se donner un vernis de civilisation, tout en conservant au fond de ses entrailles tous les germes de la barbarie? Oh! l'on n'y saurait consentir; et moi, Messieurs, élevé au gouvernement, je ne veux, je ne puis, je ne dois pas le permettre. Accusez-moi d'inconséquence, si vous le voulez; j'écouterai l'accusation, et ne me défendrai pas. Car enfin, ai-je le droit de rester conséquent à tout prix, de sauver avant tout mon nom, de préférer à tout ma réputation? Non, je n'ai pas ce droit, je ne l'ai d'aucune manière. Que mon nom périsse, que les générations à venir l'exècrent, que les générations présentes me condamnent à l'exil et à l'abandon, peu m'importe; j'ai assez vécu; mais que la république ne se perde pas par faiblesse, et surtout qu'en vos mains ne se perde pas la patrie.

Tel est le ton, assez nouveau, ce me semble, que l'exercice même du gouvernement et le contact incessant avec les hommes et les choses, donnèrent, pendant une assez courte période, à l'éloquence d'Emilio Castelar. Il y a encore bien de l'éclat dans cette diction, mais un éclat plus sobre, plus subordonné aux faits; moins d'ornements, moins de comparaisons faciles à enlever et pouvant s'appliquer ailleurs. L'orateur cherche moins à déployer son talent; il parle pour la patrie plutôt que pour lui-même, et il agit sur les résolutions des hommes plutôt que sur leurs imaginations. Ce n'est pas encore la simplicité nerveuse de Démosthène, mais (toute proportion gardée et avec moins de correction classique) c'est quelque chose qui fait songer parfois aux véhémences pratiques des Catilinaires.

Castelar, en parlant ainsi et en ne craignant point de faire aux nécessités urgentes le sacrifice de ses rêves encore récents, ralliait tous les hommes d'ordre qui ne voulaient ni d'un retour à l'ancien régime ni d'un effondrement dans l'anarchie.

Afin de lutter sans entraves contre le carlisme et contre les cantonalistes, il demanda que l'assemblée s'ajournât jusqu'au 2 janvier de l'année suivante et qu'avant de se séparer elle lui accordât des pouvoirs extraordinaires, dont il promettait d'user avec modération. On le crut et il tint parole. Il fut énergique et sévère sans cruauté. L'insurrection cantonale, qui sema en Espagne autant d'incendies et de massacres que la Commune en avait commis à Paris, fut peu à peu refoulée dans Carthagène; mais le 2 janvier 1874, au jour de la reddition des comptes, Castelar fut contraint d'avouer que Carthagène tenait encore et que les carlistes faisaient des progrès redoutables. Pourtant les émeutes partielles avaient cessé, l'armée avait retrouvé sa discipline, et les généraux, quoique suspects de ne pas aimer la république, combattaient résolument tous les ennemis que le chef du pouvoir exécutif leur désignait. L'Espagne vivait encore, il y avait à Madrid un gouvernement obéi dans les deux tiers de la péninsule; mais les provinces du Nord, parcourues en tous sens par les carlistes, payaient tribut alternativement aux soldats du prince et à ceux de la république. Dans ces contrées, il fallait le reconnaître, et Castelar l'avouait avec tristesse, c'était le peuple qui soutenait la cause de l'absolutisme et de l'intolérance. Avec ce langage imagé qu'il n'abandonne jamais entièrement, l'orateur disait :

Les idées sont comme la lumière du soleil. Elles dorent en naissant la cime des montagnes, les vallées profondes où le peuple est enseveli tardent longtemps à recevoir leur visite. Ce quatrième État, cette multitude que nous avons voulu affranchir, refuse la liberté quand nous la lui offrons; il fait pis encore, il la combat... Du reste, ajoutait-il, toutes les nuances du parti républicain sont discréditées. Nous sommes plus impopulaires que qui que ce soit, parce que notre impopularité est plus récente et que l'on touche nos erreurs de plus près. Que va devenir cette république? Qui pourra porter sur ses épaules le poids de ce mont Atlas? Quel docteur avez-vous pour guérir votre maladie, philosophes étrangers à toute réalité vivante?

On applaudit ces mots, et Castelar espéra peut-être qu'un certain instinct de conservation allait ranger les républicains autour de lui. Il n'en fut rien; on lui reprocha durement d'avoir nommé quelques évêques sans attendre la séparation de l'Église et de l'État, tant de fois promise par lui-même. Plusieurs députés lui en voulurent d'ajourner à dix ans l'établissement de la république fédérale; d'autres furent indignés qu'il préférât une république dictatoriale au meilleur des rois; d'autres enfin le sommèrent d'abandonner trois de ses ministres. Quand on vota, la majorité fut contre lui; et quand il eut abdiqué le pouvoir devant cette désapprobation, l'assemblée, fort embarrassée, ne sut qui choisir à sa place. C'est alors que le général Pavia intima aux Cortès l'ordre de se dissoudre, et sur leur refus les dispersa. Le lendemain, 3 janvier 1874, Emilio Castelar protestait en vain à la face de l'Espagne entière; les monarchistes redevenaient maîtres de l'État, lui donnaient de nouveau pour chef le maréchal Serrano, et achevaient, pendant une année, d'étouffer la république jusqu'au jour où le soulèvement militaire de Sagonte proclamait roi Alphonse XII, âgé de dix-sept ans (30 décembre 1874). L'orateur que nous étudions se remit à voyager hors de son pays. Dès le 26 mai 1874, néanmoins, nous le retrouvons à Grenade, se faisant écouter avec grande attention dans une réunion politique, et le 24 février 1876, il reparaît, député républicain, à la tribune des Cortès monarchiques.

Son passage au pouvoir avait marqué une phase nouvelle dans l'histoire de son éloquence; le petit volume qui contient les discours prononcés par lui durant cette période pouvait déjà servir à prouver qu'il n'était pas incapable de sacrifier un peu de son luxe oratoire à l'exposition précise des faits. Après la restauration bourbonienne, il crut devoir, à plusieurs reprises, exercer son talent sur des matières positives et sur ce qu'il aurait appelé jadis de petites choses. Sachant combien il est facile de discréditer en détail un gouvernement qui se croit fort, il signale les abus de la réaction, les violences exercées contre les électeurs par les préfets et les généraux de la monarchie. Ce genre de discours, il l'avoue lui-même, n'a pas la *coupe artistique* (*el corte artistico*) des larges harangues où les principes universels sont proclamés, où les destinées du genre humain sont racontées ou prédites; mais que d'esprit! quelle habileté de narration s'y déploie! et comme il est rare qu'il ne termine en évoquant des idées générales ou en rappelant quelques beaux souvenirs historiques!

Lorsqu'il s'adressera à ses électeurs de Huesca, de Saragosse ou de Barcelone, il commencera par discuter des chiffres, par commenter des articles de loi ou de règlement, par raconter des vexations ou des supercheries administratives; mais il ne quittera pas ces Aragonais ou ces Catalans du dix-neuvième siècle sans les couronner de toute la gloire que leurs aïeux ont conquise jadis à travers le monde. L'art, un moment dissimulé, ne perdra point ses droits et ceux qui, attirés par le nom de Castelar, comptaient goûter les charmes de la parole et contempler en esprit des tableaux splendides, ne se plaindront point qu'il ait déçu leur attente.

Mais, dans les réunions préparatoires où le candidat doit forcément développer son programme, dans les séances des Cortès où l'on juge toute la conduite et les propositions des ministres, quels principes va-t-il désormais soutenir, après la restauration d'Alphonse XII? Il avait dit naguère : « J'aime les monarchistes qui avancent, je déteste les républicains qui reculent ». Mais dix mois d'expérience, de lutte contre les démagogues, de pouvoir exécutif employé à empêcher la société espagnole de s'écrouler sous les coups des républicains les plus ardents, changèrent son opinion à cet égard et le firent passer parmi les républicains qui reculent. Dès le 26 mai 1874, il recommandait aux siens la prudence, la modération, l'emploi exclusif des moyens légaux et pacifiques. Il déclarait le cantonalisme *abominable* et renonçait à la république fédérale. Un peu plus tard, il ajournait indéfiniment la séparation de l'Église et de l'État, blâmait l'article 7 que son *ami* Jules Ferry proposait en France, et déclarait que, le pape Léon XIII faisant quelques pas vers la conciliation, il était souverainement injuste et impolitique de repousser ses avances et d'y répondre par la guerre. Plus tard enfin, il est allé jusqu'à dire qu'il admettait un clergé payé par l'État et *quelques privilèges* pour l'Église catholique.

Que mes idées triomphent, ajoutait-il, mais par mes procédés, c'est-à-dire par une évolution patiente, par une revendication persévérante et légale de ces droits personnels qu'aucune législation ne devrait restreindre.

Se reportant au mois de septembre 1868, il protestait de sa

fidélité aux espérances et aux vœux exprimés alors et que trop d'empressement chez les uns, de coupables fureurs chez les autres avaient empêchés de se réaliser. Son mouvement de recul allait jusque-là, mais pas plus loin, et, menaçant tour à tour MM. Canovas et Sagasta « de ses tristes et intrépides regards », il leur annonçait que, malgré leurs efforts pour faire rétrograder l'Espagne, ils seraient contraints de voir reparaître un jour le suffrage universel... et la république.

Le fond de ses principes est le même qu'avant sa chute, le même qu'avant son élévation au pouvoir suprême, mais le ton de sa parole a sensiblement changé. Il ne dit plus : les orages de la liberté ne m'effraient pas et par elle nous sommes sûrs d'arriver au port. Il reconnaît que l'Espagne a failli périr, mais il affirme qu'elle ne peut en rester où les monarchistes l'ont mise. Chaque fois, dit-il souvent, que l'on place une nation dans le cas de choisir entre la dictature et l'anarchie, c'est pour la dictature qu'elle opte; mais l'idéal moderne recommence bientôt à lui apparaître; le mouvement du siècle la ressaisit et la ramène, avec plus ou moins de violence, au suffrage universel et à la république.

Ce suffrage, qu'il voulait rendre au peuple tout entier et que la constitution espagnole actuelle n'accorde qu'aux citoyens payant au moins 25 francs de contribution, lui a donné lieu de déployer l'éloquence la plus brillante, la plus pathétique, mais la plus facile à confondre par un simple examen des faits. Il montre le peuple défendant la patrie, prodiguant son sang et sa peine, soutenant, comme en Espagne, la guerre de l'indépendance contre le vainqueur de la terre; puis, quand il a conservé aux classes supérieures la jouissance de leurs biens, la sécurité domestique, le nom d'Espagnol qu'elles allaient perdre, repoussé avec dédain par ces classes ingrates, privé du droit de se faire représenter au Parlement et de dire une parole efficace qui oblige les gouvernants à s'occuper de lui. Le peuple n'aurait-il donc, pour tout droit, qu'un devoir, le devoir de se sacrifier?

Cette argumentation, répétée dans d'autres pays, mais rarement avec autant d'éclat, ne tient pas compte de l'état présent des classes inférieures. Sont-elles capables, au moment où parle Castelar, d'influer sagement sur les affaires? Connaissent-elles bien ce qu'elles doivent réclamer? Entre tous les remèdes proposés à leurs souffrances, savent-elles discerner ceux qui valent quelque chose et ceux qui seraient plus funestes que le mal actuel? Ne sont-elles pas, en vertu de leur ignorance et de leurs misères mêmes, exposées à se laisser séduire par des utopistes ou des démagogues? Leur refuser le suffrage, n'est-ce pas, comme aux enfants, leur retirer des mains une arme dangereuse? N'est-ce pas les empêcher de mal faire et de se perdre elles-mêmes? L'usage d'un tel droit exige des lumières; éclairez le peuple avant de le consulter, et, pour récompense de son dévouement, ne lui donnez pas les moyens de nuire.

Voilà ce qu'on répondit à Castelar et ce qu'une récente expérience des fureurs et des égarements populaires avait profondément gravé dans l'esprit de ses auditeurs. Aussi l'Espagne, comme presque tous les autres pays de l'Europe, a-t-elle pris le loisir d'instruire ces ignorants avant de leur donner part au gouvernement de l'État.

Mais ce n'était pas seulement la loi électorale, c'était tout aussi bien la forme monarchique que Castelar continuait d'attaquer. Aux premiers jours de la restauration d'Alphonse XII, on avait décidé que ce point serait placé au-dessus et en dehors de toute discussion. L'orateur républicain voulait l'y faire rentrer et, malgré les protestations de la Chambre, malgré les avertissements du président, il y a plus d'une fois réussi. La majorité craignit-elle, en fermant tout à fait la bouche à Castelar, de soulever une partie de l'opinion publique? Voulait-elle goûter le plaisir de l'entendre, de voir partir et briller les traits d'éloquence qu'il avait, sans doute, préparés? Mettait-elle une certaine galanterie de gens de goût à laisser se produire de beaux morceaux qui ne changeraient rien à l'issue du débat, mais feraient honneur à la tribune espagnole? Quoi qu'il en soit, Castelar a parlé très librement dans cette Chambre où si peu de membres votaient avec lui.

Fidèle à sa coutume de tracer l'histoire des idées et d'en déduire les conséquences, moins pour le présent que pour l'avenir, il montrait l'idée monarchique condamnée, selon lui, à périr, malgré toutes les mesures prises pour la protéger et pour lui épargner même l'épreuve de l'examen.

Les systèmes faux, disait-il, les institutions en décadence fuient la discussion; mais les principes vrais, les systèmes progressifs la cherchent comme une gymnastique où s'exercent leurs forces, comme un procès où se définit leur droit, comme un feu où s'affine et se purifie leur existence. L'essentiel est que les lois se discutent. Vous ne voulez point discuter la monarchie : alors la monarchie n'est point une loi. Vous ne voulez point la voter : alors elle n'a aucun droit à être obéie, pas plus qu'une décision prise sans débat n'est un jugement exécutoire. Vous préférez à la sanction de la loi le cri de la victoire et le droit de la force. Les pouvoirs qui ne se discutent pas, qui ne se laissent pas examiner meurent toujours; les pouvoirs examinés et discutés se transforment et vivent; ils passent d'un peuple à un autre; ils sont éternels dans la dialectique de l'histoire. Ce que vous préservez du débat, vous le préservez de la vie. La momie égyptienne, gardée dans son sarcophage incorruptible, ne souffre pas, ne se tourmente pas, ne s'inquiète pas, mais reste morte; tandis que le jeune homme qui la contemple sent l'inquiétude, l'agitation, la douleur, mais se sent vivre. La matière inorganique est plus durable que la matière organisée, parce qu'elle subit moins de contradictions, mais elle est moins parfaite, moins progressive, moins vivante. Vos pouvoirs indiscutables me paraissent des pouvoirs inertes, rigides, immobiles, ayant tous les aspects et les signes de la mort. Emportez-les, j'y consens, loin de nos oppositions, loin de nos controverses, mais sachez que vous les emportez en même temps bien loin de notre vie. Quel empressement, ajoutait-il, vous montrez ici à *restaurer!* Mais aucune restauration n'a été une solution définitive. Les idées progressives s'éclipsent, elles ne meurent pas. Et que sont, pour elles, les restaurations? Des temps de calme où elles se recueillent, s'organisent, et, par-dessus tout, se tempèrent pour trouver la solution vraie et définitive qu'elles apportent toujours. Aux idées progressives il arrive comme au Christ de l'Évangile : toujours elles ressuscitent, sinon le troisième jour, la troisième année, ou, au plus tard, le troisième lustre; mais elles ne tardent pas plus de trois lustres à ressusciter définitivement.

Trois lustres, c'est quelque chose encore pour un peuple qui a failli périr et qui éprouve avant tout le besoin du repos. Aussi l'on passa outre aux observations et aux prophéties de Castelar; on admit la royauté sans plus de discussion et l'on obligea même tous les membres des Cortès de prêter serment à Alphonse XII. L'orateur républicain s'y soumit plusieurs années de suite, mais en protestant et en donnant une interprétation menaçante à l'acte qu'il venait d'accomplir, suivant la vieille forme espagnole, sur les Évangiles et sur le Christ. Tantôt il jura d'être fidèle à ce qui ne meurt jamais, à la patrie; tantôt il promit de ne plus troubler l'Espagne, parce qu'il était résolu, disait-il, à employer les moyens légaux et pacifiques pour la ramener à l'exercice paisible et sincère de la volonté nationale.

Cette volonté est, selon lui, imprescriptible, et nul pouvoir n'a le droit de durer qu'autant que la nation le veut.

C'est là un point sur lequel il revient sans cesse et qu'on avait cru écarter en déclarant Alphonse XII roi d'Espagne [1] sans ajouter : par la volonté nationale. Or Castelar tient à convaincre la majorité

[1] Dans les notes officielles et sur les monnaies, Isabelle II était appelée reine des Espagnes, par la grâce de Dieu et la Constitution; Alphonse XII, roi d'Espagne constitutionnel, par la grâce de Dieu.

qu'elle-même ne croit plus au droit divin; que, si elle y croyait, elle serait en retard sur toute l'Europe et sur la vraie majorité espagnole, sur celle qui existe en dehors de la Chambre, et qui aura seule le droit, quand il lui plaira, de changer la forme du gouvernement. Il triomphe, suivant sa coutume, en déployant devant nous la carte politique du monde et en nous le montrant régi par un principe nouveau, celui de la souveraineté *immanente* dans les nations.

C'est ce principe, dit-il, qui a arraché les Stuarts de leur trône pour les jeter dans un des tombeaux du Vatican. C'est ce principe qui a dévoré trois dynasties en France, décomposé la plus grande machine autoritaire, l'empire autrichien, pénétré dans les régions asiatiques de l'empire turc, constitué la Grèce libre, obligé les princes à affranchir la Roumanie, forcé à la guerre, sous peine d'être détrônés, les princes de Servie et de Montenegro, effacé la marque du droit divin au front de l'empereur d'Allemagne en le contraignant à accomplir le testament du congrès révolutionnaire de Francfort et à détruire des rois légitimes comme le roi de Hanovre, à mutiler des royaumes historiques comme ceux de Bavière et de Saxe. Sur ce principe se fonde la dynastie de Savoie; ce principe a jeté dans l'exil, d'où ils ne reviendront jamais, les Lorraines de Toscane, les Estes de Modène, les Bourbons de Naples et de Parme. Il a retenti jusque sur le sol sacré de Rome; on l'a entendu au Forum désert, parmi les sépulcres et les autels, sans que rien ait pu l'arrêter, ni les foudres de l'excommunication, ni l'ombre sublime que projette sur la conscience humaine la tiare des pontifes; et il a dit que la société, la nature, l'histoire, détruisent les pouvoirs permanents et les remplacent par des pouvoirs que le droit et la volonté des peuples se réservent plus ou moins de révoquer...

On croyait jadis que, hors de la société, loin de la société, dans le sein de Dieu ou dans le sein des temps se forgeaient des pouvoirs capables de s'imposer à tous les siècles et de commander à toutes les générations. Nous croyons, nous, le contraire; nous croyons que la souveraineté réside dans les peuples, lesquels peuvent changer, quand il leur plaît, les lois fondamentales et, quand il leur plaît, transformer, détruire, renouveler les pouvoirs suprêmes.

Et ce principe, demandait ensuite Castelar, est-il entré dans la société espagnole? Sommes-nous restés en dehors de l'esprit moderne? Non, assurément. Lorsque notre grande révolution éclata, en 1808, le principe de la souveraineté nationale éclata aussi; il proclama, dans un article sublime, que la nation espagnole n'appartenait à aucune personne, à aucune famille. C'était la fin de la souveraineté des pouvoirs antiques et le commencement de la souveraineté des peuples modernes. Et tandis que les pouvoirs historiques couraient à Bayonne saluer un soldat de fortune; tandis qu'ils lui mettaient sur la tête la couronne immortelle de saint Ferdinand et de Charles-Quint, les pouvoirs populaires défendaient la patrie à Girone, à Saragosse et à Madrid même.

Il est vrai que le peuple espagnol associa quelque temps à son pouvoir souverain le pouvoir historique. Ainsi s'accomplissait une loi de la nature qui ne veut pas qu'on procède par bonds soudains; mais le principe de la souveraineté nationale, simple instinct en 1808, est devenu sentiment en 1820, notion en 1836, idée en 1854, réalité et vie en 1868, quand nous avons chassé les pouvoirs historiques et que nous y avons substitué la souveraineté de la nation. Aujourd'hui l'Europe monarchique obéit tout entière à des dynasties qu'une révolution a fondées, que la souveraineté nationale sanctionne; nous seuls, depuis notre restauration, nous obéissons encore à une famille en vertu du testament ensanglanté de Ferdinand VII; cela ne saurait durer plus longtemps; il faut que notre nation se dise et se sente souveraine; à ce prix seulement elle se sentira une nation.

Et durant dix années, de 1874 à 1884, Emilio Castelar, en toute occasion, n'a cessé de dire ou de faire entendre que, dans une société désormais sans privilèges, le privilège royal était de trop, que la démocratie partout triomphante devait partout aboutir à la république, seule forme de gouvernement où tous les pouvoirs sont responsables de leurs actes et révocables.

Eh bien, soit, lui ont répondu ses concitoyens; montrez-nous, en Europe, une république qui date de ce siècle, et qui, régissant un territoire étendu, comble tous les déficits financiers, n'en ouvre aucun, ne vexe aucune croyance religieuse, et nous l'imiterons, et nous serons tous bientôt républicains. Mais vous avouez vous-même que la loi de nature interdit les brusques changements; ne nous poussez donc pas à passer subitement de la monarchie séculaire à la république. Si l'expérience prouve que nous ne sommes pas mûrs pour cette abolition du dernier privilège, laissez-nous le maintenir et y trouver la paix. Dans cette Angleterre que vous citez souvent comme modèle, le progrès s'accomplit, et, depuis deux siècles entiers, aucune révolution n'éclate. Très peu d'Anglais admettent, en théorie, le droit divin de la reine et du prince de Galles; mais presque tous, en pratique, auraient horreur de détrôner l'une et de déshériter l'autre, tant qu'ils n'ont point tenté de régner sans parlement. Pourquoi s'obstiner à mettre les principes aux prises lorsque la vie réelle d'une nation peut les concilier? Aussi bien ces Bourbons, qu'Emilio Castelar dépeint si souvent comme des étrangers, ont jeté dans le sol de l'Espagne des racines plus profondes qu'il ne l'avait cru. La sagesse d'une reine, en ce moment, consolide l'union de la monarchie et de la liberté. Les trois lustres fixés à la durée des trônes par l'ancien président de la république ne sont pas encore écoulés, il est vrai; mais nous souhaitons qu'ils s'achèvent heureusement et que d'autres lustres non moins favorables à la monarchie s'y ajoutent. Nous le souhaitons pour la reine elle-même, qui a bien mérité ce bonheur et qui l'a si chèrement acheté, mais plus encore pour le peuple espagnol qu'une tentative nouvelle de république replongerait, sans doute, dans des convulsions.

Castelar commence à le croire, car il a juré de s'en tenir aux moyens légaux, et ces moyens ne ramèneront de longtemps la république dans un pays auquel de terribles souvenirs font abhorrer l'année 1873.

Même sous une monarchie paisible et dont il cesserait d'attaquer la base, il lui resterait à remplir un beau rôle. Pourquoi ne flétrirait-il pas de toute la force de son éloquence ces abus administratifs, ces lenteurs judiciaires, ces désordres financiers, ces erreurs d'économie politique dont tous les partis se plaignent en Espagne? Pourquoi ne consacrerait-il pas à des questions positives et pratiques son intelligence si ouverte et qui sait voir de si haut et de si loin. Il semble jusqu'ici les avoir trop négligées; sous prétexte que l'Espagne est pauvre, il a dit un jour que tous les systèmes économiques pouvaient y être essayés impunément. Raison bizarre, et qui cache peut-être, ou plutôt révèle un défaut grave de ce brillant esprit. Tout ce qui ne charme pas son imagination, tout ce qui ne prête pas d'abord au développement poétique, tout ce qui court risque enfin d'être longtemps aride lui inspirerait-il une répulsion?

Ou faut-il voir ici ce dédain de la matière, qui fait depuis des siècles l'honneur et trop souvent aussi la folie de l'Espagne? L'exercice d'un droit, a-t-il dit encore, vaut mieux pour un peuple que le pain; car le droit, c'est le pain de l'âme. Dans la science, qu'il célèbre par des élans lyriques, la grandeur des découvertes et des théories l'emporte de beaucoup, à ses yeux, sur l'utilité. Quand elle ne servirait à rien, pense-t-il comme Schiller, elle n'en serait pas moins belle, parce qu'elle ne s'élèverait pas moins haut.

Chrétien dans sa jeunesse, rationaliste dans son âge mûr, le matérialisme lui fait toujours également horreur, et il ne peut supporter la pensée de voir grandir une génération athée en Espagne. Son imagination et son cœur le reportent sans cesse vers ce catholicisme dans le sein duquel sa mère et sa patrie l'ont bercé et nourri. Seule, sa raison, trop séduite par l'école critique, refuse de croire à la révélation. Mais peut-être un jour qui n'est pas loin, convaincu que le rationalisme stérilise l'âme d'un peuple et l'éloigne de Dieu, pressé lui-même de renouer ses liens sensibles avec ce Dieu qu'il n'a jamais renié, il suivra le conseil de Bossuet; après avoir *vu* les difficultés et les objections, il les *méprisera*, et il redeviendra catholique sans cesser d'être libéral. L'Église, désarmée de toute puissance extérieure, le reconquerra.

Son œuvre historique et oratoire, que nous nous sommes efforcé d'exposer, sera toujours un éclatant reflet de la pensée multiple, variable et imprudente du dix-neuvième siècle. Ses assertions se retournent souvent contre lui; mais elles commencent d'ordinaire par éblouir; et il y a de lui tel discours qu'un monarchiste ou un catholique ne peut lire sans trouble, à moins qu'une foi robuste, une raison très calme ou des intérêts très positifs ne le protègent contre la séduction. A la première lecture, du moins, il en est ainsi; à la seconde, les points faibles apparaissent en foule, et l'on se laisse charmer encore, mais non ébranler.

Dans son pays les critiques ne lui manquent pas, et les animosités politiques en augmentent le nombre et l'âpreté. Évidemment ceux qui désapprouvent ses idées, ceux qui lui reprochent d'être allé trop avant ou d'avoir ensuite trop reculé, sont plus sensibles que d'autres aux défauts de sa parole; mais quand même sur le fond tout le monde tomberait d'accord, ou quand même tous s'accuseraient d'avoir, aussi bien que lui, parcouru une longue chaîne d'opinions contestables, excessives, contradictoires, il resterait encore des esprits lettrés qu'il ne satisferait pas entièrement. On lui reproche en effet d'être, suivant la classification des rhéteurs anciens, un orateur trop complaisamment *asiatique;* d'introduire dans son style une foule de formes françaises ou cosmopolites; d'offrir, par conséquent, un modèle dangereux à ceux qui veulent apprendre à manier la langue espagnole. On regrette que sa voix, timbrée en soprano, efféminе encore ses périodes, déjà bien chargées d'ornements. On le blâme d'avoir laissé imprimer dans ses discours des phrases interrompues ou mal construites, comme l'improvisation en produit toujours. On l'accuse donc, tour à tour ou à la fois, de parure et de négligence excessives. — Toutes ces imperfections sont incontestables, mais elles n'obscurcissent qu'à peine la poétique splendeur de ses développements. Or c'est par là que ses adversaires mêmes se laissent si souvent captiver. Ils savent d'ailleurs qu'aux attaques les plus vives contre les hommes et les institutions, Castelar mêle toujours avec un rare bonheur l'expression de sentiments patriotiques, humains ou même religieux où tous sont d'accord. Si les Espagnols avaient, comme les anciens

Grecs, leurs Panégyries et leurs Panathénées, et qu'on leur dît : dans une assemblée générale vous entendrez rappeler les gloires de votre patrie, louer vos grands hommes, exalter vos nobles passions, célébrer ce que vous aimez tous ; choisissez seulement l'orateur que vous voulez charger d'être votre interprète ; ils répondraient d'une voix unanime : Nous choisissons Emilio Castelar, l'incomparable virtuose de la parole.

PARIS. — J. DE SOYE ET FILS, IMPRIMEURS, 18, RUE DES FOSSÉS-SAINT-JACQUES

PARIS. — E. DE SOYE ET FILS, IMPRIMEURS, 18, RUE DES FOSSÉS-SAINT-JACQUES.

www.ingramcontent.com/pod-product-compliance
Ingram Content Group UK Ltd.
Pitfield, Milton Keynes, MK11 3LW, UK
UKHW022141190726
13855UKWH00003B/1278

9 782013 501903